할 말은 많은데

백송(白松) 전경홍 수필집

도서출판 진실한사람들

■ 서 문

버릴 수 없는 이야기들

  누구나 그렇듯 나도 청소년 시절에는 책을 좋아하고 글을 쓰는 문학소년이 되고 싶은 꿈을 꾸었습니다. 하지만 성장하면서 진로가 바뀌고 의료인이 되자 내가 꿈꾸던 문학의 길은 점점 멀리 멀어져 갔습니다.

  세월이 흘러 늦었다고 여길 2003년, 「한국문인」지에 채택된 몇 편의 수필이 나를 문단에 올려놓게 되었습니다. 그러나 매일 환자를 돌보면서 시간을 내어 글을 쓴다는 것은 생각보다 쉽지 않았습니다. 그래도 의창(醫窓)에서 느끼는 감동스러운 이야기, 아픈 이야기, 꼭 기억해야 할 이야기들을 그대로 버릴 수 없어 간간이 써서 한 권의 책으로 모았습니다.

  그동안 문단에서 알고 지내는 작가들이 책을 내어 보내주면 읽을 때마다 늘 빚진 느낌이 드는 것은 어쩔 수 없었습니다. 자신감도 없고 부족해도 이번에 출간하지 않으면 또다시 미루어질 듯하여 용기를 내었습니다.

　첫 출산하는 산모처럼 많이 떨립니다. 부족한 글을 세상에 내놓는 일이 여간 조심스러운 일이 아니지만 그간 없는 시간을 내어 틈틈이 쓴 글이 무엇보다 소중하게 여겨졌습니다. 이것이 발판이 되어 다음 글을 쓰는데 더 많은 밑거름이 되기를 기대하며 스스로 위로해 봅니다.

　바쁜 시간에 발문을 써 주신 정종명 전 한국문인협회 이사장님과 정재찬 교수님, 등단 초기부터 도움을 주신 〈착각의 시학〉의 주간이신 박지연 수필가에게 감사를 드립니다. 또 이 책을 낼 수 있게 후한 배려를 아끼지 않은 내 일생의 동반자 임정현 모나리자와 사랑하는 자녀들에게 고맙다는 말을 전하고 싶습니다. 마지막 마무리를 잘 해 주신 김주안 대표의 노고에도 심심한 감사를 드립니다.

2016년 초여름에

전 경 홍

백송 전경홍 수필집

할 말은 많은데

서 문 / 2
발 문 / 203

서 평 / 209
축하의 말 / 225

1. 송이버섯 향기

송이버섯 향기 / 11
시내산의 새벽 / 16
건 배 / 20
도라산의 눈물 / 24
사랑둥지 사람들 / 28
위 내시경의 달인 / 33
허공에 날린 유언 / 38
화진포 별장의 단상 / 42
나의 길 나의 사상 / 47

2. 믿음의 기도

내가 뵈었던 장 박사님 / 53

결혼주례의 유감 / 59

내 친구의 아들 / 64

명예욕 / 66

믿음의 기도 / 70

할 말은 많은데 / 74

일확천금의 꿈 / 80

의사도 다치나요 / 84

군 폭력의 피해자 / 88

3. 어머님의 삼계탕

어머님의 삼계탕 / 95

된장찌개 이야기 / 100

웃으면서 떠난 친구 / 103

이 발 / 107

까치 가족의 수난 / 112

가족 계획 / 117

죽마고우 / 121

저무는 가을 새재 나들이 / 124

4. 거기서 만나요

거기서 만나요 / *131*

20년만의 화해 / *136*

까맣게 잊었는데 / *139*

나의 군생활의 단면 / *145*

두껍아 어디 가니 / *150*

목적지를 착각한 기사 / *154*

새벽 골프 / *157*

시한부 인생 / *163*

5. 아침 전화

사진 속에 담긴 추억 / *171*

아침 전화 / *178*

햇빛 쏟아지는 거리 / *182*

커피의 유혹 / *185*

아들을 만나던 날 / *191*

어린이날을 보내며 / *194*

카네이션의 색깔 / *197*

홀인원 증인 / *200*

1부
송이버섯 향기

송이버섯 향기

진료실로 살짝 누군가가 들어섰다.
"바쁘실 텐데 인사만 드리고 가겠습니다. 이것은 애 아빠가 원장님께 드리는 선물입니다." 하면서 분홍색 보자기를 들이민다. 명식이 어머니였다. 보자기를 풀자마자 실내는 향기로운 솔 냄새가 가득 찼다.
"아니, 귀한 것을 이렇게 많이 가지고 오셨어요."
송이를 보니 상등품이었다.
"일본으로 수출하면 비싼 값을 받을 수 있는데 저를 위해 가져오셨습니까?"
"우리 선생님께는 무엇을 드려도 아깝지 않습니다."
"참 감사합니다."
명식이 어머니는 환하게 웃지만 나는 무엇인가 부담스러웠다. 향긋한 송이냄새는 어릴 때 집안아저씨가 지게 위에 나를 태우고 용암

개울을 건너 깊숙한 산 속으로 들어가던 기억을 떠올리게 했다. 큰 소나무 밑에 쌓인 솔잎을 살짝 걷어내면 송이가 얼굴을 내밀었고 반가워하며 곱게 따서 망태에 가득 채워왔다. 옛날에 소나무가 울창한 우리 산에서도 송이버섯을 많이 채취하였다. 할아버지 생신 때 송이버섯을 넣은 주물럭 불고기를 할 때면 향기는 온 집안을 가득 채웠다. 함께 즐겨 먹던 가족들의 모습이 눈앞에 떠올라 그 옛날 행복했던 순간이 지금처럼 느껴진다.

아버지께서 추석명절 때가 되면 송이버섯을 일가친척과 나누어 먹고 사돈댁과 친구들에게 선물로 보내시는 것을 나는 보았다. 근래에 와서는 등산객, 성묘객들의 부주의로 대형 산불이 나서 큰 산들의 수목이 잿더미가 되고, 소나무의 에이즈라고 하는 흑파리병은 방제를 하지만 확산되고 자연환경은 점점 더 훼손되어 가고 있다. 자연산 송이버섯은 소나무 수명이 20년 이상 되어야 송이포자가 생성이 된다고 하니 앞으로 송이의 품귀는 계속 될 것 같다.

송이향이 가득한 가운데 진료를 하니 환자들마다 "냄새가 좋습니다." 한마디씩하고 미소짓는다. 식용버섯은 싸리버섯, 느타리버섯, 능이버섯, 상황버섯 등등이 있지만 송이버섯은 조미료 없이도 다른 음식과 궁합이 잘 맞는다. 어느 누가 송이버섯으로 음식을 만들어도 진미의 요리사가 될 수 있다.

송이는 위와 장의 기능을 도와주고 성질이 서늘하고 열량이 적으면서도 맛이 좋다. 몸에 열이 많거나 비만환자들에게는 핏속의 콜레스테롤 수치를 떨어뜨리고 혈액순환을 좋게 한다. 나이가 들면서 나타나는 동맥경화, 심장병, 당뇨병, 고지혈증 등에 좋고 항암작용이 높아 버섯 중에도 맛과 향기뿐만 아니라 인체에 효능 있는 식품이다. 우리 할아버지, 할머니께서 건강 장수하신 것은 송이버섯을 준비하신 아버지와 조리를 잘 하셨던 어머니의 효심이었나 생각이 된다.

사람에게 유익한 영지버섯은 성인병 예방과 피로회복에 좋고, 상황버섯은 소화기계통의 위암, 식도암, 대장암, 간암 등에 면역기능을 항진시킨다고 한다. 이런 버섯은 활엽수 고사목에서 서식한다니 신비한 효력이 있는지? 질병으로 고달픈 인생을 살아가는 분들이 잠시 송이향에 미소짓지만 나에게 진료를 받은 후 호전되어 미소보다는 활짝 웃을 수 있기를 기원한다. 세상사람들 중에도 사랑과 덕으로 남에게 유익을 주는 삶을 살아가고 세상을 떠난 후에 향긋하고 은은한 향기로 생의 아름다운 여운을 남기는 사람들이 있다.

내가 의과대학을 가게 된 동기는 아프리카에서 인술을 베푼 슈바이쳐 박사의 생애를 읽고 감동을 받은 것이다. 의사가 되었으나 그분이 갔던 길을 가지 못하고 세월만 보냈으니 내가 생각해도 한심한 자(者)다. 아프리카 인들에게 그분은 송이향기 같은 분으로 아직도 기억하고 감사하리라.

나의 호가 백송(白松)이다. 나를 소나무 향기를 닮은 삶을 살아가라고 친구들이 백송이라 불렀다. 백송은 소나무과에 속하지만 거목으로 자라며 천연기념물로 서울의 수송동, 재동, 내자동 등에 아직도 생존해 있다. 그러나 나는 백송처럼 거목도 아니고 유명하지 않고 송이버섯의 포자도 가꾸지 못했다. 내 개인의 사정 혹은 열악한 의료사회 환경을 핑계 삼아 나이에 걸맞는 삶을 살지 못하고 많은 사람들에게 존경받지 못한 삶을 살아 갈까봐 걱정이 된다.

가끔 겪어보는 일이지만 버섯을 먹었더니 머리가 아프고 열이 나며 구역과 함께 계속되는 설사로 탈수가 되며 온몸에 근육이 굳어지는 식중독 환자를 보게 된다. 대학병원 등에 후송하여도 회생되는 경우가 드물다. 이것이 독버섯 식중독이다. 우리 사회에는 사기, 절도, 강도, 유괴, 폭력, 살인 등의 범죄자들이 독버섯 같은 존재들이다. 시민들의 안정과 평화를 위하여 범죄요소가 제거되고 뿌리를 뽑아야 한다. 야생 독버섯은 화려한 빛깔과 모양이 아름답지만 냄새가 지독하여 식별이 가능하다. 사회적인 독버섯은 구별하기는 어려워 삶의 지혜가 필요하다.

송이버섯은 수수한 모양이요, 빛깔에 매력이 없어도 먹는 자마다 영양분을 주고 건강에 도움이 된다. 모든 사람들이 송이버섯 같으면 좋겠다. 특히 우리 의료인들이 송이향기 같은 사람이 되었으면 더욱 좋겠다.

나는 존경하는 분들이 많다. 그러나 이미 고인이 되셨지만 과거에 수 년을 모셨고 가르침을 주셨던 고 장기려 박사님을 존경하며 그 그림자라도 따르고자 하지만 많이 부족하다. 사랑의 인술과 베풂이 한국 의사들의 귀감이 되었기 때문이다. 그래서 젊은 의사들이 그분의 갔던 길을 따르려고 하는 모임이 곳곳에 있다니 기쁜 일이다.

명식이 어머니가 과거에 맏아들이 사경을 헤맬 때 내 손길을 통하여 소생한 것을 고맙게 여겨 오랫동안 간직한 마음도 송이향과 같다. 명식이 어머니뿐 아니라 세상에는 이곳저곳 숨겨진 송이향기 같은 사람이 있어서 은혜를 알고 감사하며 인정이 넘치는 사회가 되었으면 한다.

오늘 선물은 낙락장송 밑에서 송이버섯을 따고 또 밤나무 아래서 알밤을 줍고 홍시를 함께 먹던 개구쟁이들도 만나게 했다. 근래에 과학영농 기술보급으로 재배한 양송이, 표고버섯 등을 자주 먹게 되는데 나는 송이향과 맛이 그리웠었다. 명식이 아버지가 보낸 송이버섯이 나에게는 최고의 선물이었다. 솔향기 짙고 우수한 품질로 먹음직한 송이버섯은 수십 성상을 우뚝 서서 인고(忍苦)의 세월을 보낸 육송(陸松)에서 생산되니, 나도 30여 년의 향민 진료에 경험과 꾸준한 학구열로 최선을 다함으로 향민들에게나마 송이향기 같은 의사로 기억되기를 바란다.

시내산의 새벽

모닝콜 소리에 깜짝 깨어 일어나니 내 시계는 12시 30분이었다.

우리 내외는 준비해온 방한복차림으로 나섰다. 카나린호텔의 야간 네온 불빛에 비친 아름다운 정원을 지나서 버스로 가는 동안 급강한 새벽공기와 쌀쌀한 바람에 오싹오싹 추위를 느꼈다. 빠른 걸음으로 버스에 오르니 흰 수염이 덥수룩한 기사가 털털한 음성으로 '해피투데이' 하며 기분 좋게 맞아주었다. 버스 안에는 온기가 훈훈하여 추위가 금방 풀렸다.

싱글벙글 잘 웃는 우리 가이드는 "잘 주무셨어요?" 인사를 하고는 인원 파악을 했다 "손전등 지참하셨지요? 그리고 시내산 입구에서 카라반들이 낙타, 카멜, 텐달라 하며 호객을 하는데 가급적 타지 마세요, 혹 실수하여 험한 바위 골짜기에 떨어지면 치명상을 당할 수 있습니다. 모세가 80세에 시내산을 올랐습니다. 여기 모세보다 연세가 많은 분 없지요?"라고 했다.

가이드가 당부하고 여행 일정을 이야기하는 동안에 우리 버스는 시내산 입구 광장에 도착했다. 온 세계에서 순례자들이 다 모였는지 굉장한 군중들이 각자 자기들의 언어로 웅성거리고 도착한 순서대로 산행이 시작되었다. 앞서거니 뒤서거니 많은 군중에 휩싸여 가게 되었다. 쌀쌀하고 칠흑 같이 어두운 새벽 산행에 손전등 불빛만으로는 험준한 돌길을 올라가기에는 몹시 힘겨웠다. 더구나 낙타, 카멜! 낙타몰이꾼들이 외치면 공포감에 바위 곁에 움츠렸다가 낙타가 옆을 스쳐 지나가면 사력을 다하여 바위틈을 오르고 올랐다.

　나는 숨이 턱밑까지 차올라 헐떡거리면서 산중턱에 이르니 먼저 온 동료가 뜨거운 커피를 우리 부부에게 권하고 함께 올라가자고 용기를 북돋아주었다. 나는 기어이 정상을 올라가야 하겠다는 각오를 하면서 정상을 바라보니 까마득한 하늘에는 수많은 별들이 살아있는 듯 반짝반짝 빛나는 것이 신비롭게 보였다.

　정상으로 올라가는 무리들의 손전등의 불빛은 이글이글하며 산능선마다 불이 타는 듯 장관이었다. 나는 끈기와 인내로 시내산의 정상(2,285m)에 도착하여 '정복이다' 쾌재를 불렀다. 먼저 도착한 일행들이 박수로 맞아주며 내 이마에 흐른 땀을 닦아주는 등 친절로 노장을 위로해 주어 고마웠다. 수많은 순례자들이 추위에도 개의치 아니하고 하늘을 향해 두 손을 들어 기도를 하고, 묵주를 만지면서 기도문을 외우고, 또 암반에 엎드려 기도하는 모습에서 순례자들의 신앙적인 열정을 보았다. 동쪽으로는 여명을 밝혀줄 해가 돋기를 기다리는 무리들도 있었다.

어느새 동쪽 하늘에서 붉은 태양이 솟아오르니 모두 환호성을 질렀다. 곧 자욱하던 안개가 서서히 걷히니 광대한 산의 전모는 웅장한 바위들이 울퉁불퉁 엉키고 뒤틀리어 수많은 능선들과 골짜기로 한없어 뻗어나갔다. 내가 바라본 시내산은 험한 바위들이 엉켜진 산이며 파란 풀 한포기 나무 한그루 물 한 방울을 볼 수 없다. 삭막한 이곳에서 모세는 떡과 물도 마시지 아니하고 낮에는 구름기둥, 밤에는 불기둥의 보호 하에 40주야 하나님과 대화를 하고 십계명을 돌판에 새겼다는 일들은 신비로운 삶이었음을 상상하니 경이로웠다.

정상에는 두 교회가 마주보고 서 있는데 하나는 유대교 또 하나는 이슬람교에서 세웠다고 하는데 모두 문은 잠겼다. 그래서 우리들은 언덕 아래에 있는 휴게소에서 경건한 예배를 드리는데 모두 감격의 눈물을 흘렸다. 다시 정상으로 올라 웅장한 바위들을 배경으로 또 광활한 광야를 바라보며 기념사진을 여러 장 찍었다.

어느덧 작열하는 태양의 열기는 우리들의 하산을 서두르게 했다. 쌀쌀한 새벽 공기를 헤치고 칠흑같이 어두워서 방황도 하였지만 우리 내외는 끝까지 인내하며 오르고 또 올라 기어코 정상에 우뚝 서서 정상정복이다 쾌재를 불렀던 그 감격적인 기쁨을 영원히 잊지 못할 것 같다.

성경기록에는 모세가 시내산을 내려 올 때 얼굴에 광채가 나서 이스라엘 백성들이 바라볼 수 없도록 빛이 났고 그의 앞가슴에는 십계명의 돌판을 가졌다고 했다. 우리는 얼굴과 몸에 땀만 흘리면서 그 파란만장했던 모세의 생애를 이야기하면서 하산하였다.

그 삭막한 산하 길모퉁이에 창백한 얼굴을 한 백발의 노파가 호흡곤란으로 주저앉아 있었다. 응급상황이었다. 의사로서 그 고통을 공유하는 심정으로 "나는 의사입니다." 하고 다가서니 옆에 서 있던 청년이 도와달라고 간청했다. 청진기가 꼭 필요한 시점인데 없으니 아쉬웠다.

"우선 마음에 안정을 가지시고 등에 진 가방을 내리고 허리띠도 느슨하게 하고 숨을 깊게 쉬려고 하세요."

더 이상 도움을 줄 수 없었다. 나의 소견상으로는 기관지 천식증세 같으니 카이로 메디칼 센터로 후송하라고 권유했다. 청년 등에 업혀 멀지 않은 거리에 있는 낙타 등에 실려 가는 모습이 지금도 선한데 그 노파의 생사여부가 궁금하다. 청진도 하지 않은 의사의 소견이 도움이 되었을까? 그때에 여행 일정을 변경하고 동행을 하지 못한 것이 마음에 걸린다. 가끔 찬란한 시내산 새벽의 가슴 벅찼던 추억이 떠오를 때는 그 노파가 동시에 생각난다.

건 배

요즘 연말이라 모임이 많다. 오늘 연회석에서는 '나·가·자'로 건배를 선창했다. 그 뜻은 '나라사랑, 가정행복, 자신의 건강'을 위해서다. 건배를 할 때 마다 잊혀지지 않는 일이 생각나서 혼자 웃곤 한다.

오래전 이 지역에 민항기 개장식에 전두환 대통령께서 참석하셨을 때다. 내가 비행장에 도착했을 때 거구의 경호원들이 손에 통신기를 잡고 계속 통화를 하면서 민첩하게 움직이고 있었고 카메라를 둘러맨 보도진들로 웅성거리고 여기저기서 촬영준비에 분주했다.

처음부터 긴장된 마음으로 회의장에 들어가니 전 대통령을 접견하는데 대한 교육이 잠시 있었고 장내에 많은 사람들이 가득히 앉아있지만 나처럼 모두 긴장되는지 잠잠했다. 고함과 동시에 절도 있게 경례를 하고 힘찬 박수를 친 후 자리에 앉았다.

경북지사의 환영사, 전 대통령의 말씀은 낙후된 이 지역을 개발 촉진 지역으로 지정한다는 것이어서 모두 박수를 힘차게 쳐서 감사의 뜻을 표했다.

곧 만찬석에 참석하여 전 대통령께서 우리가 받쳐 든 잔에 맥주를 하사주로 일일이 따라 주셨다. 내 차례가 다가오고 있는데 어떻게 사양할까? 오늘 잘못 왔구나, 이 자리를 어떻게 피할까? 고심하고 있는데 전 대통령이 다가왔다. "각하! 저는 교회 집사입니다." "그래요, 다른 곳에서는 장로도 잘 받았는데 교회서 포도주를 마시지요?" "각하 포도주도 구별되어 있습니다."

전 대통령의 눈빛이 번득이더니 맥주병을 탁 소리가 나도록 내려놓으며 "허허 지금까지 내가 따라주는 술을 거부한 사람이 없었는데." 하는 소리가 강한 어조에 갑자기 장내는 쥐죽은 듯 조용해졌고 그때에 어디서 왔는지 덩치 큰 경호원 한 사람이 내 곁에 다가섰다. 마치 전 대통령의 명령을 기다리는 듯하여 내 몸이 섬뜩하고 무슨 일이 일어날 것 같아 두려웠다. 온몸이 오그라지는 듯 긴장되어 전 대통령의 눈을 피하려고 고개를 숙이고 있는데, 내가 술을 마시지 않는 것을 알고 있는 군수도 어서 받으라는 손짓을 계속했다.

그 순간 전 대통령은 태연스럽게 부드러운 목소리로 "여러분 보세요. 예수를 믿으려면 이렇게 개성 있게 믿어야 합니다. 우리 전 씨는 개성이 뚜렷합니다. 나도 개성 있게 나라를 통치하겠습니다. 하하하."

웃음소리에 살며시 고개를 들어 보니 전 대통령은 밝은 표정으로 "사이다 가져오시오." 이의근 도지사가 사이다를 대령하였고 내 잔에는 사이다가 가득 채워졌다.

다시 회의장 분위기는 살아나고 전 대통령께서는 "내가 경북 북부지역 발전을 위하여 건배를 선창하겠습니다. 여러분 잔을 높이 드세요." '경북 북부지역 발전을 위하여'를 선창하고 나도 당당하게 '위하여'를 외쳤다.

행사가 끝나고 전 대통령께서 내게 웃는 얼굴로 다가와 "나도 다니엘을 압니다." 굳게 손을 잡아 주었다.

"각하 배려 감사합니다." 허리 굽혀 인사를 했다.

전 대통령 내외와 수행원들이 회의장을 나자가 내 주위에는 사람들이 모였다. 김석종 군수님은 "전 원장님, 나는 오늘 죽는 줄 알았습니다. 전 대통령께서 뭐 이따위를 참석시켰어. 불호령이 떨어질까 봐." 쓴 웃음을 지으며 중얼거렸다.

평소에 깐깐한 김황일 경찰서장은 "무험한 용기였어, 청송감호소가 무섭지 않았소?" "그냥 받기만 하시지, 서슬이 시퍼런 군사정권인데 전 씨 종친 덕 봤어요." 등 말이 많았다.

내 고향에서 개원하여 환자와 더불어 보낸 시간이 많았지만 지역사회에 봉사단체, 동창회 등 관여하는 곳이 많았는데 그 모임마다 2부는 식사와 더불어 술자석이 이어졌다. 술을 마시지 않기 때문에 분위기를 깨는 사람으로 알려졌다. 특히 경찰, 검찰청에 가사민사조정위원 때는 폭탄주라는 것을 만들어 잔을 돌릴 때는 분위기를 못 맞추어 죄송하다며 위원직을 면직해달라고 사정한 적이 있었다. 그런데 이 사건 이후 감히 전두환 대통령의 잔을 사양한 겁 없는 사람으로 소문이 나서 술자리에서 당당하게 사양을 해도 나를 괴롭히는 사람이 없었다. 술자리에서도 자유로워졌고 사이다 장로로 통한다.

생각해 보면 권위가 대단했던 시절 유머로 마무리해 준 전두환 대통령의 큰 포용력에 고마운 생각이 든다.

도라산(都羅山)의 눈물

 북한은 정전협정을 위반했다. 천안함을 격침시켜 우리의 아들들을 산화시켰고 국제적인 전문가들이 확실한 북한의 행위로 입증하였는데도 사과는 고사하고 엉뚱한 소리를 한다. 철부지 김정은이 후계자로 지명되면서 전쟁도발 행위를 세습하는지 무차별 연평도 포격으로 민간인이 피살되는 막대한 피해의 현장이 보도되었다. 이를 본 나의 심사는 괴롭고 풀리지 않은 응어리로 가득 차 있다.
 나는 얼마 전 동기들과 6·25전쟁을 상기 시키는 임진각을 돌아보고 온 기억이 새롭게 떠올랐다. 관광버스를 타고 번잡한 서울 도심을 벗어나 시원하게 뚫린 자유로를 달려 임진각에 닿았다. 그곳은 휴전선에서 가장 가까운 곳으로 이산가족들이 몰려온다고 한다. 비록 북한 땅은 밟을 수 없지만 임진강 너머 고향땅을 바라보며 그리움을 달래볼 수 있기 때문일 것이다.
 차에서 내려 주위를 둘러보니 평화의 종이 있는 밑으로 철조망이

쳐져 있고 그 너머에는 기름진 논이 펼쳐 있었다. 종각 왼쪽 자유의 다리 끝에도 더 이상 갈 수 없도록 쳐져 있는 철조망엔 노랑, 빨간 천 조각들이 빼곡히 걸려 있다. 망향의 한을 달래기 위해 이곳을 찾은 이들이 북에 있는 혈육들의 이름을 적어 놓은 것이라고 한다. 천 조각에는 실향민들의 애잔한 마음도 함께 매달려 있는 듯 슬프게 느껴졌다.

철조망 저 멀리 도라산역까지 연결되는 경의선 교각이 보였다. 임진각 뒤쪽 통일공원에는 투르만 대통령의 동상이 있어 가까이 갔다. 우리 조국을 전쟁위기에서 구하기 위하여 많은 미군을 참전케 한 고마운 대통령이 아닌가. 인자해 보였다. 유엔군 참전비 앞에서 우리 일행은 잠시 묵념을 올렸다. 나는 문득 6·25전쟁 때, 학도병에 자원 입대한 후, 소식을 모르는 형이 생각나 가슴이 아렸다. 그동안 어머님은 눈물의 세월을 보내다가 영원히 형을 가슴에 묻으셨다. 6·25전쟁은 분명 김일성이 일으킨 남침인 것을 우리는 몸소 겪었기에 잘 알고 있다. 그런데 이 시대에 사는 젊은이들은 대부분 전혀 실감하지 못하는 것 같아 안타깝다.

망배단 주위에는 사람들이 삼삼오오 모여 앉아 음식과 담소를 나누는데 이북 5도 사투리가 다 들렸다. 고향에 두고 온 부모 형제를 그리워하는 슬픈 사연들을 서로 주고받고 있었을 것이다. 나이 지긋한 분들은 과거 참전 용사들 같은데 군복차림에 부착된 훈장을 가리

키면서 목청을 높였다. 전쟁터에서 겪었던 사연을 회상하는 듯했다.

도라산역으로 가는 도로 주변에는 지뢰밭으로 위험 표시가 되어 있어 우리는 말없이 그곳만 바라보았다. 그러다가 검문소에서 헌병이 밝은 표정으로 검문을 하고 친절히 안내해 주어 긴장이 풀렸다.

철도 운행이 중단된 지 52년만인 2002년 2월 20일에 망배열차가 다시 운행되었다. 700여 명의 이산가족을 태우고 임진강을 건너던 역사적인 날에 미국 부시 대통령이 방문하여 세계의 이목이 집중되었던 바로 그곳, 도란산역에 우리는 도착했다.

도라산역은 경의선과 평부선의 철도역으로 경의선의 최북단 역이다. 우뚝 선 이정표에는 평양 205km라고 적혀 있다. 대합실 구조는 훌륭했다. 그러나 이국땅도 아닌 동족이 함께 이용할 역인데 입국수속을 밟는 곳과 남북한 이산가족 면회소가 마련되어 있고 북으로 가는 행선지와 시간표, 요금표시가 없다는 것이 몹시 유감스러웠다.

도라산은 경순왕이 신라 천년 사직을 고려 왕건에게 바치고 왕건의 딸인 낙랑공주와 결혼했는데, 공주가 마음이 우울한 경순왕을 위로하고자 그곳에 암자를 지었다. 경순왕은 산마루에 올라 경주 쪽을 바라보며 그리움에 눈물을 흘렸다는 유례가 있다.

이 역에서 남북한 이산가족의 자유로운 면회가 이루어지면 얼마나 좋을까, 면회가 이루어지기까지 너무 긴 세월이 흘렀다. 노령의 방문객들이 역사 주변에서 먼 북녘 하늘을 바라보며 하염없이 눈물을 흘리는 모습을 보니 가슴이 찡했다. 그동안 일천만 이산가족들의 흘린 눈물이 얼마인가. 신라 경순왕이 도라산에 뿌린 통한의 눈물과 현대를 살아가는 우리 분단 민족의 눈물이 다를 바 없다고 생각된다. 도라산역이 남북한 왕래하는 여객들로 들끓는 날은 언제 올까.

 발길을 돌리려는데 철도 침목에 '이 철도가 한국 이산가족들을 연결하기를 바란다.'고 부시 대통령이 쓴 글씨가 눈에 띄었다. 우리는 혈맹국의 대통령다운 일설이라고 입을 모았다. 남북의 통일은 우리 민족 모두의 염원이며 세계인의 관심사인데 북한은 핵실험을 계속하고 있으며, 장거리 미사일 발사도 서슴지 않고 천안함이나 연평도 사건에도 한 마디 사과도 하지 않는다. 점점 남북의 긴장은 고조되고 있으니 통탄할 노릇이다.

 우리 세대도 얼마 남지 않았다. 김정일 국방위원장 건강상태로 얼마나 집권이 가능할까? 부디 현실을 직시하라! 핵무기를 만들며 호시탐탐 노리는 적화통일의 꿈을 버려라! 자멸하기 전에 굶주리며 죽어가는 동족의 눈물과 이산가족들의 한이 서린 눈물을 보고 회개하라! 동족의 평화통일 성업을 위하여 앞장서라! 우리는 이렇게 외치며 도라산을 다녀왔다.

사랑둥지 사람들

나는 요즘에 ㅇㅇ교회가 창립 100주년 기념으로 개원한 사랑둥지 요양원에 촉탁의사가 되어 열심히 사랑을 실천하는 분들과 함께 봉사 할 수 있어서 기쁘다.

오늘도 승차하자 정 간호사는 그간 환자들의 일상 상황을 보고하기 시작한다. 며칠 전, 김선동 할아버지는 아들이 왔는데 한참 바라보더니 "우리 형님!" 하며 아들을 끌어안았다고 한다. 아들은 눈물을 흘리면서 "저 영식이에요." 해도 "나 집에 가고 싶다. 형!"이라고 했다는 것이다. 치매증세가 더 악화되고 있는 것 같아 염려가 되었다.

"박상진 할아버지가 어제 설사를 하면서도 옷을 벗지 않으려 떼를 써서 간병인이 옷을 벗기고 목욕을 시키는 동안 악취로 머리가 아팠고, 송점순 할머니는 당뇨병성 망막증으로 안과 치료를 받았는데도 침대 밑에 사탕을 숨겨 놓고 먹다가 빼앗았더니 자기 사탕 달라고 간병인과 싸웠고, 함정자 할머니는 밥을 먹다가 소변 주머니를 빼서 식당 바닥이 소변 바다가 되어 난리가 났었어요. 노정자 할머니는 늘 잠이 모자라는 사람처럼 그림을 그리다가 졸았어요. 그분은 우울증이 심한 환자잖아요."

정 간호사 이야기에 귀를 기울이는 동안에 사랑둥지에 도착했다. 나는 들어서면서 "안녕하셨어요." 하며 인사를 하고 진찰실로 들어가 가운을 입고 청진기를 챙기며 진료를 시작한다.

간호사의 환자 관리 기록을 점검하고 진료를 하면 환자들은 양순하게 응한다. 대부분 중풍으로 인한 지체장애인들이라 잠자는 시간 외에는 거의 휠체어를 이용하기 때문에 진찰실 입구에는 기마병들이 줄지어 선 것처럼 착각이 들 때도 있다.

누구나 청진을 한 후 "어디가 편찮으세요?" 하면 아이들이 부모에게 천진스럽게 눈물을 흘리면서 호소하듯 저마다 자신의 고통과 불편함을 털어 놓을 때는 불쌍한 생각이 들어 마음이 짠하다.

치매와 우울증이 있는 김선동 씨에게 "아들 만났어요?" 하니 "우리 형 왔다 갔어요." 한다. 치매증세가 점점 심해지는 현상이라 정신과 의사에게 진료를 받도록 간호사에게 지시를 했다.

다음은 당뇨합병증이 있으면서도 사탕을 즐기는 송점순 씨에게 사탕을 자꾸 먹으면 맹인이 된다고 경고를 하였다. 그리고 당뇨약 용량을 높여 처방하고 간병인에게 잘 주시하라고 했다. 소뇌종양 제거로 운동장애가 심하고 안면 신경마비로 왼쪽 눈이 감겨있으며 음식을 잘 씹지 못해 가장 불평이 많은 이소자 씨는 음식을 잘 먹지 못해서 영양부족으로 체중이 많이 감소하는 것이 뚜렷하게 보였다. 유동 영양식으로 처방하며 자주 먹이도록 강조했다. 그리고 불행하게도 자궁암 전이로 방광까지 제거하고 우울증까지 겸한 함정자 씨는 소변 주머니를 자주 체크하라고 간병인에게 부탁했다.

젊은 날의 마라톤 금메달을 항시 목에 걸고 있는 남상규 씨는 뇌졸중으로 온 하체 마비환자라 투정과 짜증을 부리는 분이다. 금메달이 참 멋있다고 칭찬을 해서 환심을 사고 "계속 물리치료를 하니까 다리에 힘이 생겼어요?" 물으면 "힘없어, 힘없어." 하며 눈물을 흘린다. 측은한 마음에 위로하고 격려하려고 "좋은 약으로 처방하고 있으니 힘이 들어도 꾸준히 달려서 금메달 딴 것처럼 물리치료를 잘해요."라고 하였다.

사랑둥지 가족의 반장인 장옥란 씨(92세)는 초진 때 고혈압, 당뇨에 시달려서 매우 초췌했었다. 저염, 당 제한 식사에 순응하고 약을 잘 먹고 규칙적인 운동으로 건강이 많이 회복된 모습이었다. 나는 기뻐서 "누님! 고혈압, 당뇨 잘 조절되어 백수하시겠어요?" 하면 "고맙소." 하고 씩 웃으면서 자리를 뜬다.

끝으로 나와 동갑인 김명자 씨는 무릎 수술 후 혈전으로 뇌경색증이 왔다고 의료사고 사건으로 재판을 하였다. 의사의 불가항력적인 사고라고 판결이 나와 억울하게 된 환자다. 나도 민망스러운데 그 의사에게 데려다 달라고 손목을 잡는다. 나는 임기응변으로 "보따리 싸가지고 오세요." 불가피하게 거짓말을 하면서 손을 떼어 놓는다. 그리고 병실 회진을 하고 복도로 나오면 사랑둥지 가족들이 텔레비전 앞이나 휠체어와 소파에 앉아서 휴식하고 있다.

정 간호사가 "선생님 가십니다." 하면 모두가 "선생님, 선생님, 안녕, 안녕." 하면서 마치 어린 아이들처럼 힘껏 손을 흔든다. 나는 두 손을 머리위로 올려 "여러분 사랑해요." 크게 외치고 돌아서지만 요양원을 떠나올 때는 투병중인 환우들의 고통을 공유한 내 마음은 착잡하다. 그러나 이 요양원은 원장님의 성실한 운영과 간호사, 간병인들이 투병하는 노인들의 손과 발이 되어 사랑으로 보살펴서 사랑둥지 요양원의 이름에 걸맞은 듯하여 내 마음에 든다. 아가페 사랑을 실천하는 천사들은 사랑둥지 사람들이다.

사랑이라는 귀한 말을 마음에만 간직하고 살아가기에는 인생의 세월이 너무나 짧다. 사랑둥지 사람들은 참 지혜가 있는 사람들이라 나도 사랑하고 존경하는 분들이다.

방금 보도된 바에 의하면 초고령화가 지속되면서 노인들의 만성퇴행성질환 환자들도 증가하고 있다. 그래서 곳곳에 우후죽순처럼 요양기관도 급증하고 있는데 정부당국은 이들의 운영 실태를 잘 파악하지 못하고 있다. 요양환자들의 급식상태, 시설이 부실 투성이고 종사자들이 노인들을 홀대하기가 예사다. 심지어 요양환자가 시설을 벗어나서 인근 호수에 익사하여 일주일이 지나도 환자의 행방을 파악하지 못하고 있다. 참 한심하고 안타깝다. 어떻게 불행한 노인들에게 피해를 주며 경제적인 수익만 고수할 수 있을까?

모범적인 사랑둥지에 와서 배우고 불쌍한 노인들을 인간답게 섬기며 이 세상을 떠날 때 편안하게 떠날 수 있게 해 줬으면 좋겠다.

위 내시경의 달인

올해는 유난히 더운 날이 많았었다. 그런 탓인지 식욕감퇴와 소화장애가 오면서 체중감량까지 왔다. 원인은 무엇일까. 열대야로 지치거나 환자진료에 따른 스트레스로 인한 것일까. 아니면 혹 숨겨진 질병이 서서히 고개를 들고 일어서는 건지 은근히 고심이 되어 위 내시경 검사를 받기로 했다.

예약시간에 도착했다. 상냥하게 웃음 띤 간호사가 '위 내시경 동의서'를 준다. 그 동의서에는 시술 중에 후두통, 흉통, 호흡곤란, 심장정지, 용정 제거 및 조직검사 시 천공이나 심한 출혈이 있을 경우 외과적인 수술을 할 수도 있다는 내용이다. 내가 위 내시경 검사 시 늘 설명했던 것이라 주저하지 않고 동의서에 서명을 했다. 그러나 슬그머니 불안감이 몰려왔다.

왜냐면 얼마 전 친구의 일이 떠오른다. 그 친구도 밥맛이 없고 소화가 안 되며 체중이 빠졌다고 했다. 그 친구는 일반적인 혈액과대·소변검사에는 별 이상이 없었다. 그러나 위 내시경 검사에 종양이 보여 안타까운 마음으로 가까운 대학병원에 이송한 후 위암수술을 받고 항암제 투여를 하고 있기 때문이다. 나는 무사할까. 불길한 생각이 들었다. 이런저런 숙연한 마음으로 내시경실로 들어갔다.

간호사가 주는 구강 마취제를 입에 가득 물고 머리를 약간 뒤로 저치니 스르르 눈이 감겨왔다. 순간 내시경 선단의 불빛이 번뜩하면서 후두와 식도를 지나 위체부에 염증을 동반한 종양 같은 것이 보였다. "악 악 악" 소리쳤다. 간호사가 왜 그러느냐고 놀라며 묻는다. 나는 순간 잠깐 꿈을 꿨다는 말을 하지 못하고 "아니야 아니야" 하고 중얼거렸다. 기운이 빠지고 불쾌하며 심장이 빠르게 뛰기 시작했다. 심호흡을 하면서 마음을 가다듬어 내시경 검사대 위에 올랐다.

곧 위 내시경 검사 자세를 하고 영상을 바라보았다. 김 교수가 다가와 "오늘 고생을 하시겠습니다. 무통 위 내시경으로 하시면 좋으실 텐데." 걱정하는 눈치다. 하지만 나는 환자들의 고통을 체험하는 기회니 인내할 각오를 했다.

곧 불빛이 빛나는 내시경을 삽입하면서 삼키라는 말에 '꿀꺽 꿀꺽' 하니 후두가 막히는 듯하면서 식도로 내려가는데 가슴이 답답해졌다. 이어서 위부문을 통과해 소만부가 보였다.

소만부와 위 각 부분에 위궤양이 없다며 김 교수는 설명했다. 그리고 유문에 이르러 오므린 유문을 열기 위해 복식호흡을 깊게 하자

유문이 열리면서 협소한 십이지장 구부를 따라 내려가서 대유두를 확인할 때 정상으로 보였다. 그러나 복부가 찢어지는 듯한 압통으로 온몸이 땀으로 젖어 왔다.

다시 전정부로 나오니 노년에 흔히 보이는 위축성 위염이 보였다. 완전한 진단을 위하여 조직검사를 하겠다고 하여 눈을 껌벅이며 동의를 표시했다. 곧 위축성 위염 부위에 조직을 떼어내자 점상 출혈이 보여 마음이 이상야릇했다. 끔찍한 종양이 보이던 위체부에 이르니 위액이 고여 있어 샥숀으로 위액을 제거하는 동안 조금 전 꿈에 본 것이 현실로 나타나는 게 아닌지 몹시 긴장했다. 위액을 모두 제거하고 나니 깨끗한 점막이 보여 안도의 한숨이 나왔다. 공포심은 사라지고 마음에 평안이 왔다. 지나친 공포심에 악몽을 꾼 게 분명했다. 이어서 내시경의 불빛이 위 안을 확인한 후 저부를 거쳐 식도를 비추며 내시경을 뺐다.

그간 힘겹게 참았던 구역질이 나며 눈물, 콧물, 침이 마구 쏟아져 나와 체면이 말이 아니었다. 그러나 가슴과 목이 확 트이니 살 것만 같았다. 나는 꼬부라진 혀로 "수고 하셨습니다." 라고 겨우 말했다. 김 교수는 "아닙니다. 원장님이 잘 협조하시고 참는데 달인이시라 제가 오늘 내시경 검사의 달인이 된 듯합니다."라고 말했다.

지금까지 나는 위 내시경 시술을 할 때 완전하고 정확한 진단에 역점을 두었고 악성 질환을 보면 가슴이 아팠다. 검사 진행과정에 환자들의 고통은 각자의 인내심에 맡겼다. 그러나 막상 내 자신이 검사를 받게 되는 예약일이 다가오니 두려워 밤잠을 설쳤다. 그 두려움의 이유는 수많은 위 내시경을 시술하면서 급·만성위염, 위궤양, 악성종양들을 보아왔다. 나로서는 난생 처음으로 위 내시경 검사를 받게 되니 어떤 결과가 나올까 예측할 수 없는 것이다. 더구나 나는 체격에 비해 소심하고 눈은 작은데 겁이 많은 것이 나의 약점이라 이번에도 공연한 걱정을 한 셈이다. 참으로 위 내시경 검사는 인내심을 시험하듯 힘들어 한번 경험한 분은 내시경 소리만 들어도 몸이 오싹해진다고 한다. 그렇지만 그 무서운 위암을 조기에 발견하면 완치가 가능하다는 것을 알기에 국민건강공단 검진에 호응하는 분들이 늘어간다.

  내가 평소 위 내시경 검사를 할 때에 환자들의 일그러진 얼굴과 신음소리는 고통의 표현인데 큰소리로 참으라고만 반복했으니 얼마나 냉정하고 얄미워 보였을까. 오늘 내가 직접 검사를 받아 체험해 보니 그들이 얼마나 잘 참아냈던가를 알게 되었다. 또 내가 시술을 할 때는 시간을 염두에 두지 않았다 그런데 그 괴로운 시간을 단축해야 함을 느꼈다. 위 내시경 검사에서 오는 고통을 피해 보려고 근래에는 수면내시경을 받는 분들이 많아져 무통으로 잠든 사이에 검사가 끝나 편하겠지만 혹시나 잠이 들어 몇 시간 잘 수도 있다. 반면에 정기검진으로 단련이 되어 단순한 구강마취만으로도 힘들지만 참고 견디어 검사가 끝나면 마음이 개운하다는 분들도 있다.

　이제 위 내시경의 고통을 실감한 나는 환자들에게 더 세심한 배려를 하기로 다짐을 했다. 오늘 김 교수의 시술과정에 적극 협조하여 김 교수를 달인으로 만들었다. 나도 오랜 단골 박 사장이 술과 담배는 죽을 때까지 가져간다면서 속이 불편하면 2개월에 한번 꼴로 위 내시경검사를 자처한다. 나는 그분에게는 숙련이 되어 검사가 끝나면 "원장님은 위 내시경달인"이라고 비행기를 태운다.

　지금까지 수많은 사람들에게 위 내시경검사를 해왔는데 다소의 고통은 있었겠지만 나를 위 내시경의 달인으로 인정하신 분은 몇 분이나 될까?

허공에 날린 유언

끝없이 펼쳐진 푸른 바다는 어느 누구의 왈츠 곡에 맞추어 춤을 추는지 생기가 발랄하다. 작열하는 태양과 창공에 흰 구름이 다채롭게 연출하는 아름다운 광경은 나에게 싱싱한 생동감을 주었다. 출렁이며 밀려오고 부딪쳐 산산이 부서지는 파도 위에 나는 둥실둥실 떠간다. 불볕더위에 지친 내 육체에게는 오아시스다. 은빛사장에는 형형색색의 비치파라솔이 줄지어 서 있고 비키니 복장을 한 연인들을 보면서 아내와 즐거웠던 부산 송도의 옛 추억을 연상케 한다.

아이들, 부녀자들과 함께 튜브를 이용하여 해수욕장에 즐거움을 갖기에는 내 마음이 용납되지 않았다. 세찬 파도를 가로질러 나는 듯 달려가는 보트는 나와 함께 온 사람들을 매혹시켰다. 당장에 보트장으로 우르르 몰려가 바나나 보트장에 줄지어 섰다. 보트를 타고 돌아오는 팀마다 스릴만점이라고 즐거운 함성을 지른다.

우리 차례가 되었다. 모터보트에 줄을 연결한 바나나 보트는 쏜살같이 파도를 헤치며 달린다. 이것이 현대판 신선놀음이었다. 망망대해는 가슴을 확 트이게 한다. 아! 신난다. 아직도 나는 푸른 날개를 단 청춘이다. 시원한 물결을 헤쳐가며 달리니 상쾌한 이 기분을 어떻게 표현할 길이 없다.

신나게 커브를 도는 순간 바나나보트는 뒤집히고 다섯 명이 모두 격분한 파도에 밀려 흩어졌다. '위기다! 여기서 이렇게 내 생을 마감할 수 없다. 힘을 내자.' 겨우 물위로 솟아오르니 주위에서 '주여! 주여!' 하면서 물위에 떠서 안간힘들을 쏟고 있는 힘겨운 표정들이다. 모터보트 운전자가 하는 말이 "당황하지 마시고, 구명조끼가 있으니 절대로 위험하지 않습니다. 먼저 몸을 뒤로 젖히고 얼굴을 하늘로 향하여 깊은 숨을 쉬며 마음을 안정하시고 보트를 바로 세우세요!"

그런 다음 보트의 균형을 조절하면서 보트 위에 올라앉았다. 안도의 숨을 내쉬면서 바짝 엎드리고 줄을 꼭 잡았다. '출발!' 외치고 쾌속정처럼 달려간다. 멀리서 바라보던 일행들이 소리치며 손을 흔들어 반가워한다. 그 광경을 바라보는 순간 다시 뒤집혔고 물속 깊이 잠수되어 발바닥이 닫지 않았다. 깊은 물속으로 잠기니 심장박동이 멈추는 듯 섬뜩했다. 사력을 다하여 물위에 솟아나니 바나나 보트와는 거리가 멀어졌다. 모두들 흩어져 힘을 잃은 채 물속을 드나들며 힘겨워 소리치며 허덕일 때 옛일이 뇌리를 스쳐갔다.

어릴 적 강에 물고기 잡으러 갔을 때 바위에 올라앉아 놀았다. 아버지께서 큰 고기 낚은 것을 보고 좋아하며 뛰다가 미끄러져 깊은 강물에 빠졌다. 허우적거리며 떠내려갈 때 아버지께서 건져 주셨던 일이 기억났다. 나는 중얼거렸다. "나의 할 일이 남았으면 살려주시고 허락한 연한이 끝났으면 가겠습니다." 사랑하는 아내와 온 가족의 얼굴이 동시에 떠올랐다. 흩어진 가족들이 비보에 얼마나 놀랄까?

"여보! 내 평생의 동반자로 내조를 잘해 주었고 희생적인 봉사와 사랑에 보답 못하고 떠나 미안하오. 내 장례는 김 목사 집례로 교회장으로 하시오. 내 일생은 의사, 외래교수, 장로, 봉사단체회원, 수필가로 다양하게 살았소. 소외되거나 외롭지 않았고 더불어 살아 세상에 대한 원망이나 미련이 없소. 사랑하는 자녀 손들아 의좋게 지내는 것에 만족한다. 계속 그렇게… 유산이 별로 없는 것을 서운하게 생각지 말라. 너희가 알고 있지만 나름대로 인술을 베풀며 살려고 했지 물질에 대한 욕망이 없었다. 너희들도 근검절약하고 자주 자립하여 살다오. 너희들 어머니를 잘 보살펴드려라. 전할 길 없어 유언을 허공이나마 날려 보낸다. 하나님! 부족하지만 저의 영혼을 받아주시고 유족들을 위로하여 주소서."

"몇 날이 지나면 내 육체는 썩어지고 분해되어 흙이 되어도 예수님 재림하시면 영광의 부활로 가족과 교우들을 만날 것을 확신하면서 떠난다."

모터보트 기사가 "모두 정신 차리세요. 힘을 내세요, 어서요!" 부르짖는 소리에 정신을 가다듬었다. 늘어진 어깨에 힘을 주며 사력을 다해 수영을 하여 모터보트의 줄을 잡고 간신히 올라탔다. 기사는 허리를 잡으라고 하더니 쏜살같이 달려 나를 해변에 내려놓았다. 많은 인파가 나의 구조를 기뻐하며 환영하였다. 나는 뒤를 돌아보면서 동료들이 구조되기를 애타게 기다렸다. 잠시 후 모두 구조된 기쁨을 갖게 되었다. 우리들의 사고원인은 출발 전 안전교육을 하지 않은 것과 안전요원을 배치하지 않는 등 안전불감증 때문이다. 그래서 더욱 고생을 했다. 관계기관에서 단속을 하여야 할 터인데….

아직도 마음은 청춘인데 체력에는 한계를 느꼈다. 나이에 걸맞게 행동해야 하겠다. 나의 친구들도 금년에 몇 사람 고인이 되었다. 세상을 떠나는 것도 다양하다. 윷놀이 중에 즐거워서 웃다가, 야유회에서 잘 놀다가, 교통사고로, 추락사고, 만성질환으로 병원에서 등 죽음의 현장도 알 수 없는 것이 사람이다. 예상치 못한 때와 장소에서 세상을 떠날지라도 허공에 유언을 날려 보내지 않도록 저녁노을이 아름다운 황혼처럼 내 인생의 남은 여한을 준비하며 살아야겠다고 다짐해 본다.

화진포 별장의 단상

　강원도의 웅장한 태백산맥이 줄기차게 뻗어있고 푸른 수목들이 호수에 잠겨있는 곳이 고성의 화진포다. 미풍에 하늘하늘 야생화가 곱게 춤추는 아름다운 모습을 캠코더에 담았다. 해송이 멋지게 우거진 언덕을 오르는 길옆에 안내판의 기록은 김일성의 별장을 전쟁의 노획물로 이승만 대통령이 사용한 것으로 되어 있다. 소박하고 서민생활을 즐겼던 곳으로 이승만 대통령이 자주 이용한 것 같다.
　창문으로 들여다 본 마루 공간에는 한문글씨의 액자가 몇 개 걸려있고 응접실 탁자에 차 주전자와 찻잔들이 고작이고 그 당시 유명한 제니스 라디오는 안테나가 세워져 있다. 대한민국 대통령의 별장치고는 너무 초라하고 외국인이 보면 어떻게 느낄까!
　화진포 별장의 아침은 동해에서 치솟은 붉은 태양이 화진포 호수를 바라보고 찬란한 빛을 발하며 시작된다. 이 아름다운 풍광 속에서 이승만 대통령과 이기붕은 굿모닝을 연발하며 아침 인사를 나누었을 것이다. 프란체스카 영부인은 모닝커피로 서빙하고 지금도 안테나가 세워져 있는 제니스 라디오 소리를 들으며 국내외정세를 논하며 환담을 나누었을 것이다. 박마리아는 조반준비에 정성을 쏟는 듯하지만 이기붕을 부통령으로 당선시키려는 야심을 세웠을 것이다. 별장이 곧 낙원 같은 분위기를 누리며 그들의 커피 잔에는 영광스러운 미래의 대책이 가득 채워졌을 것이다. 커피는 향긋하지만 커피 잔 속에 드리운 어두움은 보지 못 했을 것이다.

이승만 대통령께 이강석 소위를 양자로 준 이기붕은 아주 다정한 가족관계로 영원히 지속되고 부귀와 영화도 영원하리라고 믿었을 것이다. 하지만 장기 독재집권과 이기붕의 아부로 보필하던 결과는 패가망신이 되고 말았다. 이기붕 일가는 아들의 권총자살로 최후의 막을 내렸다. 그 시대를 같이 한 나는 그러한 역사가 되살아나 마음이 서글펐다. 3·15부정선거로 인한 4·19의거 이후 하와이로 망명의 길을 떠나 거기서 노환으로 별세하였다. 육신이 돌아와 국립묘지에 영면해야만 했던 불운한 대통령의 종말을 우리는 보았다.

인간 이승만은 이조 왕조의 후손으로 청소년 시절 한국 기독교청년회의 간사로 조국 독립운동을 위해 활동했다. 서대문 형무소에 수감되어 있는 동안 미션교회 도움으로 미국 하와이로 갔다. 프린스턴 대학에서 정치외교학을 전공하여 박사가 되었다. 그는 독립운동을 위한 외교적인 활동을 위하여 스위스 제네바에서 여자 기자인 프란

체스카를 만났다. 그녀가 바라본 이승만은 조국의 독립을 위하여 굶주림을 겪으면서도 열심히 활동하는 것이 안쓰럽고 너무나 훌륭하게 보여 자진해서 보필하였다. 대통령은 고맙게 받아드린 후 외교활동에 박차를 가했다는 이야기다. 미국의 정치 요인들과 친밀한 접촉을 하면서 상해임시정부의 대통령 역할을 하였다. 평생을 조국 광복을 위한 헌신의 세월을 보냈고 1945년 해방과 동시에 귀국하였다. 미·소군의 신탁통치를 반대하며 남노당(공산당)의 세력을 물리치고 1948년 대한민국 건립의 초대 대통령으로 취임했다. 또 1950년 6월 25일 한국전쟁이 발발하자 16개국 UN참전으로 위기에서 나라를 구했다. 반공포로 석방 등을 카리스마적인 외교정치를 이끌어 낸 위대한 민족의 지도자로서 존중을 받아야 하나 본의 아니게 보필했던 자들의 정치 야욕으로 장기집권의 과오를 남기게 되었다. 4·19 의거 현장을 목격한 즉시 눈물로 하야를 선언하며 조국독립의 희망과 꿈을 키웠던 하와이로 망명의 길을 떠났다. 그는 90세 때 타국에서 노환으로 별세하여 국립묘지에 안장된 것이 현대사의 일각이다. 우리 국부는 국가와 민족을 위한 평생의 노고를 인정받지 못한다. 완벽한 인간은 없기에 독재정치의 잘못은 있으나 평생의 공적만은 인정하는 배려가 있어야 하지 않겠는가!

　미국에는 건국의 대통령 조지 워싱턴, 제퍼슨, 에이브러햄 링컨 등도 통치기간에 결점이 없었던 것도 아니다. 그러나 업적을 남긴 부분은 높이 평가하여 국민들이 추앙할 수 있게 기념관을 세워주고 후세들에게 미국의 역사를 조명하여 젊은이들과 정치인들의 존경의 대상으로 남아 있다. 그러나 우리는 역사적인 인물의 장점보다 단점을 너무 지나치게 들추어내어 존경할 인물이 없는 것이 아쉽다. 역사적 인물로 세종대왕, 이순신 장군 밖에 누구를 후세들이 훌륭한 사람으로 여기고 있는가!

우리는 생각을 바꾸어야 한다. 그러니 우리도 건국의 대통령 고 이승만 대통령의 동상이 근간에 다시 세워졌음은 다행스러운 일이다. 그러나 아직도 아쉬운 것은 고 이승만 대통령이 독립을 위하여 어떻게 싸워왔는가, 조국을 위하여 평생을 외국에서 살면서 애쓴 일을 하나하나 전시되어 후손들의 귀감이 되고, 조국에 대한 애국심을 촉발시키며, 대한민국의 자존심을 키워나가는데 커다란 교육장이 될 기념관이 없다. 미국 워싱톤을 방문했을 때 워싱톤을 위시해 훌륭한 분의 기념관에 전시된 인물들을 보면서 너무나 안타까웠다. 지금부터라도 정신적인 교육장으로 초대 대통령의 기념관을 세워 그분의 발자취와 업적을 길이길이 후손들에게 전했으면 한다.

요즘 정치와 사회가 혼돈되고 의견의 일치나 화합보다 대립과 갈등, 편들기, 흠집내기와 비난 등 서민들로서는 무엇이 옳고 그른지 진실을 알 수 없게 되었다. 이러한 때에 국민대통합을 위하여 고 이승만 대통령의 '뭉치면 살고 흩어지면 죽는다' 라는 명언을 되새기며 모든 것을 바로 잡아야 할 것이다. 지난번 4·19의거에 희생된 유가족들이 고 이승만 대통령 가족의 사과를 받아드리지 않고 완강하게 거부했다는 보도를 듣고 언제나 화해를 이룰 수 있을까 하는 생각이 들었다. 4·19의거 사건이 일어난 지 50년도 더 지난 이 역사의 앙금이 이렇게 굳어져 가면 남북통일을 언제나 볼 수 있을까? 걱정이 앞선다.

그리고 만약 지금쯤 고 이승만 대통령께서 생존해 계신다면 침략자의 근성을 버리지 못한 일본이 우리 땅이 분명한 독도를 자기네 땅이라고 국제 재판에 재소한다는 말도 안 되는 소리와 북한 공산독제 3대 세습으로 국방위원장이 된 김정은의 철부지 한 짓, 연평도의 포격사건에 사과는 커녕 우리에게 공격할 것이라는 미친 발언에 무엇으로 대처하셨을까?

나의 길 나의 사상

 2009년 8월 김대중 전 대통령께서 서거하셨을 때 이 지역 조문소가 역 광장에 마련되었다. 햇볕이 쨍쨍 쏟아져 더운 날씨임에도 나는 교인들 몇 사람과 함께 조문을 하러 갔었다. 조문소에는 김대중 전 대통령의 큰 영정 사진이 꽃으로 둘러싸여 있고, 시청 공무원들이 다섯 사람이나 검은 색 양복을 입고 조문객을 맞이하기 위하여 대기하고 있었지만 조문객은 나와 동행한 두 명 외에는 없었다. 미소 띤 고 김대중 대통령의 얼굴을 바라보며 국화꽃으로 예를 표했다. 공무원들이 방명록에 서명을 권했다. 그래서 조문록에 '김대중 전 대통령의 나의 길과 나의 사상을 통해서 참 애국 애족의 정신을 깊이 깨달았습니다. 하늘나라에서 영생 복락을 누리시기를 바랍니다.' 라고 서명을 하였다.
 고 김대중 대통령께서 1991년 14대 대통령 선거에서 패배하여 정계를 은퇴한 후 이 지역 김해 김씨 종친회에 회원들과 조찬회를 참

석한 적이 있었다. 그때에 지역 대표와 유지들을 상당히 많이 초청하였었지만 정계에 은퇴 후에도 후환이 있을까하여 소수의 인원만 참여하였다. 그날 김해 김씨 종친 회장의 배려로 김대중 대통령과 마주앉아 조찬을 함께 하며 차를 마시고 있었다. 김대중 대통령은 정치 역정이 파란만장했을 뿐 아니라 14대 대통령 선거에서 패배하고 정계 은퇴를 선언한 후였다. 나는 국민의 한 사람으로 연민의 정을 느꼈다. 이 시국에 정계를 은퇴하신다는 것은 그동안 한국의 민주정치를 갈망하며 따랐던 국민들에게 실망을 주시는 것이 아닌가 반문하였다. 그간의 역경들을 대화로 나누며 김대중에 관한 것은 이 책을 통해 이해하길 바란다며 '나의 길 나의 사상'을 직접 주셨다. 여러 사람에게 이 책을 나누어 주었지만 모두들 어리둥절한 표정으로 로비에 슬그머니 놓고 떠났다. 나도 집으로 가져오기는 하였지만 정계에 은퇴를 선언한 분의 저서를 읽을 필요가 없다고 생각하여 서재 책장에 잠을 재웠다.

 그 후 다시 정계에 복귀하여 15대 대통령 선거에서 준비된 대통령이라는 케치 프레이를 앞세워 당당히 여당 이회창 후보를 누르고 압승하였다. 준비된 대통령 공약을 한 것처럼 김영삼 대통령이 물려준 IMF의 경제난을 주도면밀하게 정치적인 능력을 발휘하여 극복하였다는 역사적인 사실은 찬사를 보낼 만한 일이다. 나는 대통령 임기 동안에 '나의 길 나의 사상'을 때때로 읽으면서 김대중 대통령의 길과 사상을 이해할 수 있었다. 기억이 나는 책의 내용은 아래와 같다.

우리 민족은 일제하의 억압을 벗어나자마자 외세에 의해서 강제로 분단되어 50년 동안 죄없이 분단의 고통을 겪어야 했다. 뿐만 아니라 그간에 동족상잔의 비극인 6·25전쟁까지 치름으로써 지구상에서 가장 억울하고 슬픈 운명의 주인공이 되는 처지에 있었던 것이다. 우리는 그동안 통일을 위해서 몸부림치고 갈망만 하였지 통일은 하나의 당위였을 뿐 가능성은 전혀 없었던 것이다. 그것은 미·소의 냉전구조 속에 현상고착의 족쇄에 물려서 움쭉달싹할 수가 없었기 때문이었다.

그러나 이제 미·소 냉전은 끝났고 족쇄도 풀렸다. 독일같이 전쟁을 일으켰던 국가조차도 통일을 했다. 우리만 통일을 못하고 있는 것이다. 이제 통일은 단순한 당위만이 아니라 우리도 하려고만 하면 할 수 있는 가능성의 문제로 등장했다. 3원칙 3단계 통일방안은 이미 말한 대로 통일은 빨리 시작하되 그 진행은 단계적으로 하자는 것으로 이제는 많은 국민과 전문가들이 이를 지지하고 있다. 통일이 되면 인구와 경제면에서 세계 12번째의 대국이 된다. 7천만의 통일 한국은 주변 4대국과 더불어 동북아의 5대국이 되어 아시아-태평양시대의 당당한 주역으로 역사의 무대에 등장할 수 있다.

이렇듯 통일에 대한 구상을 구체적으로 하였다는 내용들이다. '나의 길 나의 사상'은 전 김대중 대통령의 애국 애족의 깊은 정신이 담겨 있는 저서였다.

　사실은 정치역정이 파란만장했지만 낙심하여 정계에 은퇴한 분의 책이다. 나의 서재에서 잠재웠다가 제15대 대통령에 취임 후에 읽어서 미안한 마음이었다.

2부
믿음의 기도

내가 뵈었던 장 박사님

거실 창문을 여니 보슬보슬 눈이 내린다. 벌써 우수와 경칩이 지났는데 이것은 기상이변이다. 문득 오래 전 눈이 드물었던 부산에서 기상이변으로 눈이 많이 내렸던 날의 감동적인 일이 생각났다.

그 당시에 복음병원장과 부산의대 학장직을 겸임하신 장 박사님은 가정 형편상 학업을 중단한 나를 측은히 여겨 복음병원 임상병리실에 근무할 수 있게 하셨다. 의사의 꿈을 포기하지 말라며 사랑과 격려를 해 주셨다. 나는 복음병원에서 장기려 박사님이 인술을 베푸시는 참 의사상을 바라보면서 너무나 존경스럽고 닮아가고 싶었다.

장기려 원장님은 수술을 시작하기 전 꼭 수술실 요원들과 기도를 하셨다. 그리고 장시간에 걸친 수술을 마치면 샤워를 하시고 강당에서 송도 앞바다를 바라보며 노래를 부르곤 하셨다.

레퍼토리는 오솔레미오, 까로미오벤 등 다양했다. 직원들이 노래 소리에 매료되어 박수를 치며 앙코르를 외치면 박사님은 "오늘 수술이 잘된 것 같아서! 다음 기회에!" 하시곤 외과 외래로 가면 장사진을 이루고 이북 사투리로 떠들썩하던 환자들이 모두 일어나 인사하면 손을 흔들며 미소 지으면서 "잠시만 더 기다리세요." 하고 외래진료를 시작하신다. 자상한 문진은 환자들의 불편함을 충실히 듣고 위로하는 말씀으로 희망을 주셨다.

환자들 중에는 퇴원을 하며 "장 박사님 수술을 잘해 주셔서 살았습니다만 병원비를 다 내고 나면 집에 가서 양식 살 돈이 없습니다." 하소연을 하면 환자의 보호자처럼 원무과로 가 양식 살 돈만큼만 돌려주라고 부탁을 하시곤 해서 원무과에서 애를 먹는 경우도 종종 있었다.

한번은 경남 하동에서 온 어부 김 씨가 우측간엽을 절제했는데 수박에 검은 씨 박혀 있듯 간에 디스토마가 총총히 박혀 있었다. 하동 등지에서는 날것으로 밀물고기를 먹어 디스토마 환자들이 많을 때였다. 나는 그 절제된 간을 사진으로 찍어 장 박사님이 외과학회에 보고하는데 필요한 자료들을 준비하는 것을 도왔는데 이 환자는 장 박사님께서 자기 간을 너무 크게 떼어내어 힘이 없어져 어부 일을 할 수 없다며 생떼를 썼다. 장 박사님은 의학 공부에 도움을 줘서 고맙다 하시며 웃으면서 진료비 전액을 면제하고 퇴원시켰다. 이렇게 환자들의 편에 선 장 박사님의 병원 운영으로 한때 병원에 위기도 있었다. 그러나 장 박사님이 산정현교회 장로시라 교인들 중 독지가

들이 경제적인 후원도 했다. 또 장 박사님이 외과수술의 권위자라는 명성을 얻게 되자 부유층의 환자들이 수술을 받으러 왔고 쾌유에 대한 감사 표시로 많은 금액을 희사하기도 했다.

1960년 12월 24일 크리스마스 이브는 병원 후원단체인 미국선교회와 주둔 미군들이 제공한 칠면조 요리로 식탁이 푸짐했다. 나는 처음으로 칠면조 요리를 맛보았다. 그날 장원장님이 사택에서 성탄 이브를 즐기자고 하셔서 우리는 머리에 눈을 맞으며 사택으로 갔다. 장 박사님은 우리를 반갑게 맞아주셨다. 응접실에는 빵과 음료수 그리고 과일이 준비되어 있었다. 우리들은 크리스마스 캐럴을 연창했고 장 박사님은 사전에 약속된 특순 '카로미오벤'을 부르신 후 '화이트크리스마스'는 앙콜송으로 부르셨다. 내가 오락 순서를 진행했는데 장 박사님은 어린아이처럼 율동과 재롱으로 우리를 폭소케 했다. 모두가 어린아이들처럼 흥겨운 시간을 보냈다.

그날 밤 잠결에 비상벨 소리가 들려 깜짝 놀라 병원으로 달려갔더니 원장님 사택에 도둑이 들었다고 했다. 우리들은 병원 현관에 있는 눈삽이며 몽둥이를 하나씩 들고 눈이 덮인 언덕 아랫길로 미끄러지듯 달려갔다. 경비원이 사택 언덕 밑을 향하여 손전등을 비추며 "이 자식아, 빨리나와!" 외치고 있었다. 우리도 다함께 "새끼야, 빨리 나와!"를 외쳤다. 체격이 튼튼한 병리과 김 실장이 잽싸게 달려가 도둑의 멱살을 휘어잡고 박사님 앞으로 끌고 왔다. 그런데 "김 실장,

너무 과격하게 하지 말게 우리 집 손님이야." 하셔서 김 실장은 멱살 잡은 손을 놓았고 우리도 모두 조용히 있었다. 나도 야구 방망이를 슬며시 뒤로 감췄다.

현관마루에는 도둑에게서 빼앗은 것인 듯한 의학 원서들이 몇 권 놓여 있었다. 박사님이 "손님, 이 책들은 내가 공부하는 책인데 몇 푼 나가지 않아요." 하니 그 밤손님은 꿇어앉으며 어눌한 말투로 "이 놈은 무식합니다. 피난보따리 지고 온 지게로 시장에서 짐꾼으로 입에 풀칠하고 겨우 살아갑니다. 그런데 바보 같은 안식구가 또 아기를 낳았습니다. 쌀도 없고 미역 살 돈도 없고 얼음장 같은 방바닥 위에 어린 것들이 오들오들 떨며 울어대는 걸 보자 제 눈이 뒤집혀서 그만 도둑질까지 하였습니다. 제발 용서해 주세요, 정말 잘못했습니다." 하며 울기 시작했다.

장 박사님은 "참 사정이 딱하군요. 우리가 이런 분들에게 베풂을 주어야 했는데…"

"원무과장! 내 월급을 가불해서 좀 도와주어야겠어요. 그리고 빨리 이 분이 집에 갈 수 있도록 처리해 주세요."

강한 어투의 장 박사님 말씀에 원무과장이 준비하러 간 사이 장 박사님은 수건을 가져와 그 사람의 옷에 앉은 눈을 털어주며 "추위에 많이 떨었지요?" 하며 거실의자에 앉게 했다. 그리고 뜨거운 홍차를 따라 주었다. 원무과장이 가져온 흰 봉투를 그에게 주며 "앞으로 돈이 필요하거나 어려울 때는 원장실로 날 찾아오시오." 하니 "죄송합니다, 죄송합니다." 하며 그는 얼굴을 들지 못하고 집으로 돌아갔다. 장 박사님은 아무 일도 없었다는 듯 밝은 표정으로 성탄의 사랑과 평안을 기원한다며 일일이 우리의 손을 잡아 주셨다.

나는 그 이후 군 입대 영장을 받고 복음병원을 떠났다. 3년이 지나 군복무를 마치고 인사하려고 찾아뵈었더니 "참 좋은 기회인 듯하다. 내 제자인 ㅂ교수가 K의대 학장인데 명년 2월에 편입생을 뽑는다고 하더라. 꼭 도전해 봐라." 말씀을 듣고 준비해서 편입을 했다. 그리고 국가고시를 거쳐 꿈에 그리던 의사면허를 받게 되었다. 그 후 지인을 통하여 경기도 K군에 보건소장으로 근무를 하고 있을 때 장 박사님이 부산으로 오라고 기별이 왔는데 고민이 컸다. 은혜를 생각하면 가야 하지만 가족의 생계를 책임져야 하고 또 하나는 어렵고 힘든 공부를 했는데 장 박사님 같이 너무나 희생적인 의사는 불행하다는 생각에서 '사정이 있어 죄송합니다.' 통보를 했지만 늘 마음에는 응어리로 남아 있어 불편했다.

또 보건소장 직무에 시달리는데 고향에 우리 가족의 주치의 원장님이 뇌졸중으로 쓰러져 동네의원이 문을 닫게 되었다. 형님과 친지들의 강요로 고향으로 가서 밤낮으로 환자를 보면서 시간을 보내고 있었다. 그러던 중 장 박사님이 청십자의료조합 부속의원으로 와서 도와 달라 하셨는데 '동네의원 환자들 때문에 죄송하다.' 는 말씀만

전하고 말았다.

  가난한 환자들에게 사랑의 의사로 인생을 희생하신 장 박사의 별세 소식을 듣고 가슴을 치고 통곡하며 용서를 빌었다. 나에게 의사의 꿈을 포기하지 말라시며 사랑과 배려를 해 주셨는데 조금도 보답해드리지 못한 배은망덕한 자가 되어 죄송하고 가슴이 아프다. 그분을 존경만 하였지 그의 그림자를 제대로 따르지 못하고 있고, 다만 애육원과 자매결연을 맺고 120여 명 아이들의 건강을 돌봐주며 그들을 후원하는 장학금 마련이며 문촌에 나병환자들을 보살펴 주는 정도니, 시간이 흐를수록 더욱 가슴이 아프다.

  이렇게 눈이 오는 날엔 그런 장 박사님이 더욱 그립다. "존경했습니다. 그리고 죄송했습니다. 용서해 주소서."

결혼주례의 유감

환자진료 중에 종합병원에서 온 전화를 받고 황급히 응급실로 달려갔다. 도착해 보니 최근에 내가 주례를 맡아 결혼한 신부가 연탄가스 중독으로 산소공급을 받고 있었다. 신랑이 당황하고 초조해 하는 표정에 걱정이 되어 응급실장에게 신분을 밝히고 함께 치료에 동참하여 소생시켰다. 그러나 '주례자가 신혼부부의 갈등으로 저지른 일까지 책임을 져야 하는가' 하는 생각이 들어 주례한 것을 몹시 후회를 했다.

사건의 발단은 신부의 동기들이 놀러 와 사진첩을 뒤적이다가 중학생 복으로 찍은 신랑의 사진을 보고 "야, 너의 신랑 중학교 밖에 못 다녔구나." 하며 모두 웃었다는 것이다. 다음날 남편이 퇴근하자 "자기 중학교 졸업 밖에 못했어?" 그러자 남편이 갑자기 소리치며 "그래, 나 중학교 졸업 밖에 못했다. 학력이 남편의 자격 요건이냐?" 하며 싸움을 한 모양이다.

그 이튿날 남편이 출근한 후 아내는 거실에 연탄불을 피워 놓고 자살을 기도하다가 연탄의 화기로 전등이 터지는 소리에 옆집 아주머니에게 발견되어 119로 후송되었던 것이다. 나의 주례사는 "큰 건물은 기초가 튼튼한 것 같이 결혼의 기초는 두 사람의 사랑이 굳어져야 한다. 그 사랑은 평생을 친구와 같은 사랑, 이성적인 사랑과 아가페적 사랑을 늘 유지하여 인격적으로 서로 존중해야 하며 그렇게 살아야 행복한 가정의 분위기를 가질 수 있다."라고 힘주어 말한 내 말을 그들은 잊었단 말인가? 자존심이 상한 남편이 소리를 지르고 싸웠다고 이렇게까지 할 수 있겠는가? 너무나 감정적이고 인내심이 부족한 행동이다. 대화로 서로를 이해할 수 있어야 했을 것인데 안타까운 일이었다.

얼마 후 그 가정의 저녁 초대를 받았다. "지난번에 저희가 철부지 짓을 해 선생님께 큰 염려를 끼쳐 드려 죄송했습니다. 많은 꾸지람을 주십시오. 이제는 행복한 가정을 위해 노력하겠습니다."라고 큰절을 했다.

인생의 동반자로서 어려움을 당하면 사랑으로 함께 고민하고 지혜롭게 대처해야 한다. 그리하여 어려운 세파를 이기고 지혜롭게 살아 행복의 금자탑을 쌓으라고 충고하였다. 그 날 이후 주례를 하지 않겠다고 혼자 결심을 했다. 그러나 고향에 살면서 선후배 동문들과 일가친척들의 강요를 뿌리치지 못하고 가끔 주례를 하게 된다.

그들은 늘 나에게 마음의 십자가로 남아 있었던 가정이다. 그러나 지금 남편은 전기공사 사장이며 봉사단체의 회장으로 크게 활약하고 부인은 피아노학원을 경영하면서 학교자모회 회장으로 활동한다. 2남 1녀의 어머니가 되었다는 소식을 들으니 이제는 마음의 짐을 벗은 듯했다.

내가 주례를 시작한 것은 40대 초반 신촌 로터리 예식장에서였다. 첫 주례를 한 가정은 지금 미국 LA에서 사업가로 터전을 잡고 교포사회에 임원으로 활동하고 있다는 기쁜 소식을 전해 듣고 있다.

오랫동안 틈틈이 주례하면서 느낀 것은 많은 새 가정을 탄생시키는 대부라는 만족감도 있지만 친가나 처가에 왔다가 나에게 찾아와 함께 식사도 하며 재롱을 부리는 아이들을 보면 내 기분도 좋고 집사람은 예쁜 옷도 사서 입혀 보낸다. 친정아버지 같은 기분도 맛보게 되어 우리 집사람도 함께 흐뭇해하며 즐거워한다. "여보, 이 기분에 주례하시지요?" 나에게 미소짓는다.

요사이는 결혼이 백년가약이라는 중대한 의미를 상실한 듯 얼마 못 가서 결별하는 일이 너무나 많아 주례하기가 두렵다. 젊은이들이 새 가정을 이루면서 일생을 살아가기 위해 꿈의 설계와 뚜렷한 생활철학 없이 기분대로 살아간다면 어려울 때 파산하게 될 것이다. 그래서 주례를 부탁 받으면 신랑신부와 미리 만나 차 한 잔을 나누며 행복한 가정은 신랑신부가 함께 지혜와 인내심으로 사랑과 이해로 서로의 부족한 점을 보안하며 아내의 행복한 마음이 남편의 행복이요, 자녀의 행복이라고 결론을 지워준다. 그러면 예식장에서 다시 만날 때 주례사를 자신 있게 말할 수 있다.

오늘도 새로 개장된 예식장에 주례 차 갔다. 식장 안에 들어서자 수많은 사람들이 꽉 차 있었다. 시간 여유가 있어 앉을 곳을 찾던 중 북적대는 인파 중에 한복으로 단장한 혼주와 친척들로 보이는 무리들이 이동하는 것을 보며 옛날 혼인 마당이 떠올랐다. 넓은 마당에 포장을 치고 멍석을 깔았다. 가족과 일가친척, 온 동네 사람들이 모였다. 그러면 사모관대를 쓴 늠름한 신랑과 예쁜 족두리를 쓰고 수줍어 고개를 들지 못하며 서 있는 신부가 등장한다. 상 위에 기러기 한 쌍으로 장식된 혼례식장은 그 마을에서 가장 덕망이 높으신 어른의 주례로 진행되었다. 긴장된 신랑신부의 귀여운 실수들로 인하여 마당을 가득 채운 사람들이 박장대소하기도 하지만 혼례식은 엄숙하며 한편 익살스러운 일들이 얼마나 많았던가? 조촐한 전통예식장이 내 눈에 선하다. 그 여유 만만한 축제가 새로운 가정에 좋은 정서로 작용하였을 것이다.

그때 내가 가장 좋아하던 누나가 시집가던 날 상객으로 가시는 큰아버지의 꾸중을 들으면서 우복대감 종가댁까지 따라가서 누나를 두고 돌아올 때 자형을 한없이 원망했었다. 과거 혼인은 배우자 선택을 집안 어른들의 주관으로 가문을 중요시하며 택했다. 현재는 자신들의 눈높이에서 외형적인 것에 중점을 두기 때문에 큰 차이가 있다.

이런 생각에 잠겨 있을 때 사회자의 안내를 받아 식장 안으로 들어가 주례사를 힘주어 외쳤지만 앞에 서 있는 신랑신부는 귀담아 들었을까. 이러한 분위기에서 주례사를 결혼생활의 지표로 삼을 각오를 할 수 있겠는가. 결혼식 날은 무엇에 근거를 둔 것일까. 많은 쌍이 같은 날에 예를 올려 마치 많은 관객이 모인 영화관과 같다. 신랑신부가 차분한 마음으로 일생을 함께 할 굳은 약속을 할 수 있는 분위기이었으면 훨씬 좋겠다. 이 혼란스러움에서 신혼부부에게 어떤 정서로 영향이 미칠지 염려된다. 거룩하고 성스러운 교회에서의 결혼식도 옛날처럼 엄숙하고 참 축복감을 느끼는 모습이 사라져가고 있지 않는가.

식장 안 여기저기서 웅성거림으로 어수선해 주례사는 결혼예식장에 요식 행위로 하는 느낌마저 든다. 예식장이 호화찬란한 것과 축하객이 많은 것도 좋지만 신랑신부의 마음가짐이 더욱 중요하다고 여겨진다.

하객들은 축의금만 접수하고 로비에서 떠들지 말고 진심으로 축하의 분위기를 함께 만들고 격려했으면 하고 바랐다. 나도 그들이 부디 잘 살아 주례자에게 그들의 삶이 마음의 짐이 되지 않기를 빌었다.

내 친구의 아들

　아내와 함께 꽃집에 들렀다. 고향의 경찰서장으로 금의환향한 친구의 아들에게 줄 아름다운 꽃바구니를 들고 가는 발걸음이 전과 다르게 가벼웠다. 식당 입구에서 기다리던 서장 내외는 우리를 반가이 맞아 주었다. 내외에게 축하한다는 말과 함께 꽃바구니를 안겨주고 식당의 방에 들어섰다. 그는 정갈하게 차려진 식탁에 앉기 전에 방석으로 안내한 뒤에 경찰서장으로 부임한 것을 신고한다며 큰 절을 하였다. 나와 마주 앉은 정 서장은 아버지를 닮아 미남이고 음성도 같아서 옛 친구를 만난 듯 마음이 뭉클했다.
　그의 아버지는 우호적인 사람으로 친구가 많았다. 서울대 광산과 출신으로 광산에서 생산부장으로 일을 했다. 광부들의 작업장에 안전점검 차 들어간 막장에서 예상치 않은 큰 석탄덩어리가 쏟아져 내려 졸지에 매몰되어 사망했다. 그때 내가 사체검안을 했는데 가슴이 너무 아팠다. 부인이 오열하여 실신하였고 직원들과 광부들의 애도

속에서 장례가 엄숙하게 치러졌다. 그런 친구가 이 자리에 함께 했으면 얼마나 좋을까 하는 안타까움은 말로 할 수 없었다. 그리고 그의 아들 영수는 아버지의 죽음을 회사의 책임이라고 원망하다가 학교를 멀리 하고 불량소년들과 놀았고, 급성 기관지염으로 몸이 불덩이가 되었을 때 모친이 아들을 살려 달라고 눈물을 흘리면서 나에게 달려 왔다.

"이놈 병도 고쳐주시고 장래를 위하여 훈계도 해 달라."고 애원했던 지난 일들이 머리를 스쳐 갔다. 아버지를 잃고 좌절하고 낙심했던 영수가 심기일전하고 공부에 매진하여 국리민복의 치안 공무원으로 중요한 위치에 선 것은 너무나 대견스러운 일이다. 우리 아이들과는 둘도 없는 친구라서 누구보다 나는 친자식이나 진배없이 성공을 칭찬하면서 안아주었다.

오늘 같은 날 너의 모친이라도 함께 했으면 좋았겠는데 안타깝다고 내가 말 할 때 영수는 눈물을 글썽이면서 "경찰대학 졸업하고 경위 계급장을 달고 아버지께 참배를 했었는데… 병고로…" 말을 잇지 못하고 눈물을 흘렸다. 부모가 자식을 기다리지 못한다는 옛말도 있으니 너무 상심하지 말고 앞으로 더욱 충직한 치안공무원으로 대성하면 하늘나라에 먼저 간 부모가 기뻐할 것이라고 격려하였다.

'참 의사는 질병치료 뿐만 아니라 마음의 치료도 겸해야 한다.' 는 한 교수님의 말씀을 떠올리며 그를 바라보는 내 마음도 흐뭇하다.

명예욕

　도의원 선거에 압도적으로 승리한 후배의 선거 사무실에 갔다. 벌써 축하객들이 몰려와 축하화분이 즐비하게 이곳저곳에 놓여 있고 H와 부인은 축하객들에게 인사하느라고 분주했다. 나도 H에게 압도적인 표차로 2선 도의원이 된 것을 축하한다며 손을 맞잡고 흔들었다.
　그런데 얼굴을 자세히 보니 양쪽 눈과 얼굴이 노랗게 물들어 있어 간질환에서 오는 황달이 있는 듯 보였다. 가끔 귤이나 과일에 비타민C를 많이 먹은 후 일시적인 카로틴 혈증일까, 술을 자주하는 사람이라 간질환일까 혼자 생각하다가 조금 조용해진 시간에 H에게 요사이 몸이 불편한 곳이 없는지 물었다.
　"형님, 있어요. 식욕이 떨어지고 음식 맛도 없어지고 온몸이 가려워서 괴롭고 소변이 갈색인 듯합니다."
　"선거가 끝났으니 지금 우리 병원에 가서 진찰과 혈액검사로 간

기능 검사와 복부초음파 정도 받아보자."고 해도 "지금은 바빠서 갈 수 없을 것 같으니 내일 아침에 제가 꼭 가겠습니다." 하고 미련을 부렸다.

"그럼 내일 아침 공복에 오세요." 하면서 나왔다.

"도의원 당선은 되었지만 건강을 잃겠구나." 생각하니 마음이 좋지 않았다.

간 기능 검사 결과는 급성 간염의 수치였고 초음파를 해보니 담낭벽이 부어 있었으며 총담관으로부터 담즙배출도 지장이 있는 것으로 진단이 되었다. 당장 입원실에서 수액주사를 놓은 지 십일 만에 황달증세가 사라졌고 수치도 정상으로 회복할 수 있도록 간치료 약을 처방해 주었다. H는 도의원의 역할을 할 수 있게 되었다. 그 후로도 H에게 관심을 가지고 가끔 전화해서 간 기능 검사를 하도록 요청했지만

"형님 감사합니다. 요사이 회기 중이라 바쁩니다." 하고 진료를 받으러 오지 않았고 도의회기간이 지났는데도 오지를 않았다. 얼마 후 우리 병원 옆집이 K도의원 집인데 그곳에 가는 길이라며 "형님, 병원 잘 되세요." 인사차 들렀다.

H도의원은 "B한의원이 외삼촌이라서 한방으로 사물탕, 경옥고, 십전대보탕으로 몇 재 먹으니 몸이 가벼워지고 있습니다." 했다.

"한방은 과학적이지 않는다는 생각은 들었지만 외삼촌이 좋은 약

을 쓰고 있으니 형님 안심하세요." 하여 내 관심에서 멀어져 갔다.

그 후 H가 S대학병원에 입원치료중인데 아주 위독하다고 B한의원 원장이 다녀왔다. 그런데 '전 원장님을 꼭 뵙고 싶다' 고 전해왔다. 나는 3월 1일 공휴일을 기하여 S병원 823호에 병문안을 갔었다. 병상에 누워있는 H는 온몸이 흑인처럼 보였다. 그리고 고열과 복수가 차 온몸에 부종이 심했다.

H의 부인은 "원장님 여기까지 오시게 해서 험한 꼴을 보여드려서 죄송합니다. 여보, 원장님 오셨어요. 눈 좀 떠 봐요." 흔들어 깨웠다. H도의원은 겨우 눈을 뜨더니 "아이고 형님, 형님 제가 이렇게 죽게 되었습니다. 이곳이 큰 병원인데도 나를 고쳐주지 못하니 형님이 전처럼 고쳐주세요." 하면서 눈물을 쏟았다.

"왜 이렇게 되었는가? 도의원 명예도 좋지만…"

"사람들에게 환심을 사기 위해 유권자들 표를 얻으려고 한없이 술을 마셨지요. 내가 봉사단체 회장 때에도 일차, 이차, 삼차, 사차까지 술을 마셨지요. 술을 마시는데 나를 당할 사람이 없었잖아요. 외삼촌이 한의원을 하니 외삼촌 덕을 많이 보아 고맙다고 생각했고 또 못 고치는 병에는 약이 많다고 동의보감에 간질환 특효약 돌미나리와 인진쑥은 좋다고 해서 많이 먹었는데… 나의 주치 선생님은 그런 약재 등은 독성이 있다 하셨는데 알코올성 간경변증을 악화시킨 듯합니다. 더 검사를 해보겠다고 하네요. 이 모든 것이 나의 명예욕이었네요. 그저 결혼예식장이 잘되니 그것만 가지고 살아갈 수 있었는데 명예욕 때문에 건강을 잃고 아직도 더 살아야 하는데 곧 죽겠습니다. 형님 나를 데려가서 살려주세요."

그는 눈물을 흘리면서 애원을 했다. 나도 가슴이 아프도록 슬펐다. H의 손을 꼭 잡고 "잘 참고 주치의사에게 자네 병을 맡기게." 하고 돌아서면서도 그에게서 눈을 떼지 못했다. 소리 없이 눈물을 흘리는 부인을 보니 내가 더욱 슬퍼졌다.

H도의원은 사나이답게 쾌활하고 활동적이라 결혼 예식장을 경영하면서 새마을 운동에 앞장을 섰기에 농민들의 친구였다. 내가 생각하기에 명예욕이라는 말은 겸손이다. 아직은 젊고 아까운 사람인데 간혼수로 얼마 살지 못할 것이 분명해서 나도 목이 매여 속으로 눈물을 삼켰다.

믿음의 기도

 갑자기 현관문을 시끄럽게 두드리며 외치는 소리가 병원 건물을 통째로 뒤흔드는 것 같았다. 곧 이어서 응급벨이 울려 급하게 내려가니 진찰실엔 눈을 감고 신음하는 아기를(남, 22개월) 안고 어머니는 어쩔 줄 모르며 눈물을 흘리고 있었다.
 ○○교회 전도사님이 "원장님! 우리 집사님댁 아기를 좀 살려 주세요." 간절한 표정을 지으며 다가선다. 최 간호사는 아기 체온이 40℃라고 한다.
 "어서 준비해, 체온을 식혀라." 뜨거운 체온을 느끼며 청진을 해 보니 왼쪽 폐에 숨을 쉬는 소리가 들리지 않았다.
 김 기사를 불러 흉부 X-선 촬영을 하고 이 기사는 혈액검사를 속히 하라고 했다. 여집사님은 아기를 부둥켜안고 "제발, 아기를 살려 주세요." 하면서 발을 동동거린다.
 "할머니가 공드려 얻은 3대 독자인데요. 제가 교회에 미쳐서 아기를 예배당에 업고 다녔기 때문에 부처님이 벌을 주어 병이 난 것이라고 할머니가 야단입니다."

김 기사가 가져온 X-선 필름을 보니 예상한 것 같이 심한 폐렴으로 진단이 되었다. "너무 심합니다. 아기가 위험합니다."

그 순간 술에 만취해 보이는 중년 사나이가 왼손에는 소주병을 쥐고 들어오면서 여집사에게 "전도사 새끼야! 우리 정식이 살려내. 못 살리면 두 년놈 다 죽인다."며 소리쳤다. "원장님! 우리 아들 살겠어요. 죽겠어요?" 제대로 몸을 가누지도 못한 상태로 삿대질을 하면서 내게 확 다가섰다. 몹시 불쾌하지만 자제를 하고 앉기를 권했다. 그러나 씩씩거리며 "그래 말해 보시오." 하면서 버티고 서 있다.

X-선 사진을 설명하니 "위험하면 죽는다는 말 아니요?" 살기가 등등한 표정으로 뛰어나갔다.

"김 전도사님! 큰 병원으로 후송하시지요."

"가난한 광부의 가정이니 형편이 어렵습니다. 여기서 최선을 다해 주세요."

김 전도사님은 내 양손을 꼭 잡고 "원장님! 저와 우리 교인들이 철야기도를 하겠습니다. 우리 안사람은 여기서 뒷바라지하도록 두고 가겠습니다."

오토바이 헬멧을 들고 쏜살같이 달려 나갔다. 문득 내 머리에 스치는 말씀이 '믿음의 기도는 병든 자를 구하나니 주께서 저를 일으키시리라. 순간 하나님 믿습니다.' 속으로 혼자 외쳤다. 해열제를 주사하고 병실로 옮겨 기도를 간단히 한 다음 강력한 항생제를 주사하면서 최 간호사에게는 산소 호흡기를 잘 지키게 지시하였다. 나도 3층 서재에 가서 하나님께 도와주셔서 치료하여 주시기를 간절히 기도드리면서 병실을 드나들었다.

  기도 중에 날이 밝아 오는데 3층 계단을 뛰어오르는 소리와 함께 "원장님! 원장님!" 최 간호사가 급하게 부르짖는다. 깜짝 놀랐다. 혹시나 아기가 어떻게 되었는가? 어제 저녁에 험상궂은 아기 아버지의 형상이 눈앞에 다가온 듯 가슴이 벌렁거렸다.

  "무슨 일이냐?" 아기의 숨소리가 약해지고 잠이 드는 것 같은데 이상하다는 것이다. 병실로 가서 청진해 보니 이상한 것이 아니라 호전되어 가는 증세였다. 생시인가? 꿈인가? 나도 놀랐다. 위기를 넘겼구나. 산소 호흡기를 제거 시키고 "하나님 감사합니다. 김 집사님! 사모님! 이제는 정식이가 많이 나았습니다." 하니 안도의 한숨을 내쉬면서 집사님과 사모의 얼굴엔 기뻐하는 표정이었다.

  날이 밝아 오니 김 전도사님이 궁금하다는 전화가 왔다. 하나님께서 기도에 응답하셔서 호전되었으니 아기 아버지와 함께 오라고 당부했다. 김 기사가 출근하자마자 X-선 사진을 촬영한 결과를 판독 비교하고 있는데 두 분이 진찰실에 들어선다. X-선 사진을 비교 설명하니 김 전도사님은 기쁨을 감추지 못하고 정식 아버지는 고맙다

하면서 병실로 올라갔다.

　전도사님이 말씀하시길 "원장님! 제가 정식 아빠를 설득시켜서 철야기도에 참여케 하였고 참회의 눈물을 흘리는 것도 보았습니다." 그리고 전도사님과 내가 병실로 따라 올라가니 아기를 안고서 울다가 돌아서면서 그 자리에 무릎을 꿇고 "잘못했습니다. 살려주셔서 감사합니다. 제가 집사람과 전도사님을 괴롭힌 나쁜 놈입니다. 용서해 주세요. 저도 3대 독자를 살려주신 하나님을 믿고 술도 끊고 새 사람이 되겠습니다."

　"살린 분은 내가 아니요. 전도사님과 교인들의 기도를 하나님이 들어 주셨습니다." 서슴지 않고 나는 말했다. 병실에서 기도하며 간호하던 전도사 사모님도 교회로 돌아갔다. 병실에는 웃음소리가 가끔 들렸다. 일주일 동안 치료를 하고 완치되어 퇴원하는 날에 우리 직원들의 배웅을 받으며 정식이는 어머니 등에 업혀서 '빠이빠이' 손을 흔들면서 웃고, 정식이 아버지는 우리 집사람이 선물한 금박 찬송가와 성경을 들고 "감사합니다."를 연발하면서 떠났다.

　전도사님과 온 교인들의 배후의 기도가 기적을 일으킨 것이라 믿고 야고보서 5장 15절 '믿음의 기도는 병든 자를 구원하리니 주께서 저를 일으키시리라 혹시 죄를 범하였을지라도 사하심을 얻으리라'는 말씀을 확실히 믿었고 환자를 진료할 땐 늘 기도하는 마음을 갖기로 결심하였다.

할 말은 많은데

세영이의 할머니는 오랫동안 우리 병원 단골 환자다. 고혈압, 당뇨병, 심장 부정맥증으로 진료를 받아오다가 한 삼 년 전부터 서울에 있는 A병원 순환기내과를 다닌다. 삼 개월에 한 번 정도 처방한 약을 복용하면서 우리 병원에는 가끔 들러서 혈압을 재곤 했다.

작년 6월에 심장이 벌렁벌렁거린다며 진료실에 오셨다. 청진을 해 보니 부정맥이 심했다. 호흡이 가쁘고 현기증이 종종 났다고 하여 검사를 하였더니 심전도에 나타난 심장파장이 좋지 않았다. 주치의사가 진료를 해야 할 것 같아서 서울로 가 보시라고 권했다.

그런데 일주일 후에 메르스 사태로 외래진료를 하기가 어려우니 오는 날 응급실로 오라는 연락을 받았다는 것이다. 그간 별일이 일어나지 않을 테니 안심하고 약 하루 분이 남았을 때 오라고 했다. 그런데 3일 후 아침 9시 반경에 세영이 할아버지한테 다급한 전화가 왔다.

"세영이 할머니가 쓰러졌는데 어찌하면 좋은가?"
119를 불러서 병원응급실로 가라고 하고 환자 진료를 하기에 당장은 가 보지 못했다.
"오전 11시경에 안동 K병원 응급실에 왔는데 너무 늦어 힘들 것 같다는데 어떻게 할까?" 다시 전화로 문의가 왔다. 최선을 다해도 생존에는 지장이 없지만 뇌혈관이 막혀서 좌측 뇌경색이 왔다고 한다. 상·하반신 마비와 뇌기능회복은 불가능할 것이라는 과장님의 진단결과라고 했다.
오후에 진료를 마치고 안동 K병원 중환자실을 찾아갔다. 세영이 할머니는 산소호흡기를 부착하고는 눈만 떴다 감았다 하며 소리 없이 얼굴을 찡그리기도 하고 또 웃기도 했다. 아침에 쓰러졌을 때 세영이 할아버지가 노인대학에서 배웠던 수지침으로 손, 발가락을 다 찔러도 숨만 쉬었지 움직이지 않고 말도 못하며 아무 반응이 없어서 나에게 전화를 했다고 한다. 진작 내게 전화하던지 119를 부를 일이지 집에서 한 시간이나 지체한 것은 큰 잘못이라고 했다. 그리고 M병원 응급실에 가면서 구급요원이 심폐술을 진행하였지만 시간이 지연되어 뇌로 가는 큰 혈관이 막혀 뇌경색이 왔다고 한다. 보호자에게 안타깝다며 여기서는 뇌로 가는 혈관을 뚫을 수 없으니 안동 K병원으로 빨리 가라 했다고 전한다. 환자가 쓰러지고 안동 K병원까지 3시간 반이나 시간이 경과되었으니 뇌경색으로 쓰러진 세영이 할머니의 건강은 회복이 불가능하게 되었다.

 그 다음날 세영이 할아버지는 "우리 할멈이 눈도 뜨고 소리 없이 자꾸 웃어, 아마 잘 치료가 되는가 봐요." 하며 좋아했다. 나는 "그래요." 라고 대답은 했지만 의학적으로 뇌기능 회복은 불가능하다는 것을 알고 있었다. 며칠이 지난 후 병문안을 다시 가보니 별 변화가 없었다. 보름 후 집 가까운 요양병원으로 이송되었다.

 3개월이 지난 지금도 가끔 웃기만 할 뿐 여전히 말을 못하고 있다. 음식은 유동식을 튜브로 공급하고 있고 기저귀를 차고 소 대변을 보고 있다. 그렇지만 환자가족들은 회복되리라는 소망의 끈을 놓지 않고 있었다.

 과거에 세영이 할아버지가 광산을 운영하다가 부도났을 때 세영이 할머니는 여성복 점포를 차렸다. 서울에서 유행하는 디자인과 색깔, 천이 좋은 여성복을 가져와 젊은 여성들을 상대로 장사를 잘해 세영이 할아버지를 도왔다. 자식들도 2남 2여를 두었는데 모두 공부를 다 시키고 결혼까지 잘 시켰다. 손자 손녀들이 주렁주렁 있어 두 내외분이 노년에 남부럽지 않게 살아왔는데 하는 생각에 마음이 짠하였다. 더구나 가족들은 회복되기를 소망하고 있으나 그럴 가능성이 보이지 않아 더욱 안타까운 마음이 크다.

 세영이 할아버지는 요양원 요양사들이 자신보다 더 잘해주겠나 싶어 집으로 모시기로 하고 집 청소를 하면서 몸살이 나서 오셨다.

평소에 두 내외분의 정이 동네가 다 아는 잉꼬부부였다.

　세영이 할아버지는 오후에 열이 나고 춥고 온몸이 아프니 좋은 약으로 치료해 달라고 했다. 열을 측정하니 39.6도였다. 어디 다른 곳이 아파 약 드시는 것이 있냐고 물었다. 한 5, 6년 전에 소변검사에서 피가 나와 큰 병원에 가라고 했다고 한다. 하지만 농사도 지어야 하고 노인 회관에 총무라서 일도 보아야 해서 가까운 비뇨기과에서 약을 먹으며 지냈다고 한다. 그래도 아랫배의 통증이 생겨 채혈을 해보니 전립선암이 의심된다는 결과를 들었다.

　진료의뢰서를 발급받아 다시 안동병원 비뇨기과를 찾았다. 전립선암이라 판명되고 전이될 가능성이 있어 항암치료에 들어갔다. 치료를 받는 중 머리가 빠지고 속이 울렁거리던 차에 할머니가 쓰러졌다. 할아버지는 치료를 포기하게 되었고 암은 서서히 전이되어 갔다.

　오랜 세월 환자들을 진료하면서 자연스럽게 가정주치의사가 되었다. 그리고 많은 환자들의 생업도 자연히 알게 되었다. 세영이 증조할아버지는 안동독립기념관, 독립유공자의 첫 번째로 위치하고 있다. 세영이 할아버지는 천부적인 예술재능이 있어서 모든 관공서의 차도사, 시내 상가의 간판들, 극장가에 홍보화면을 제작하는데 독보적인 위치에 있었다. 미술사로 큰 성업을 이루었는데 내 생각으로는 평생을 페인트를 사용하다보니 그 속에 함유된 납 성분 때문에 전립선암이 온 것은 아닐까 하고 추정한다.

세영이 할아버지에게 안동 K병원으로 가서 빨리 치료하라고 했지만 할머니를 집에 모셔다 놓고 가겠다는 것이다. 설 연휴 마지막 날에 할머니를 모시러 차를 운전하고 가다가 접촉사고가 났다. 일어서지 못하여 안동 K병원에 입원시켰다고 그댁의 자부에게서 전화가 왔다.

즉시 안동 K병원 802호에 가보니 하지가 부었고 CT결과는 암세포가 요추까지 전이되어 복수가 차 있었다. 온몸에 통증이 심하여 마약성 패치를 붙였다는데 환각상태였다. 큰 자부가 "전 원장님 오셨어요." 흔들어 깨우니 "목말라, 목말라 물"이라고만 외친다. 자신이 얼마 살지 못하는 것을 아는지, 큰 손자 세영이에게 요양원에 가거든 할머니가 듣지 못하니 흰 종이에다 큰 글씨로 할아버지가 먼저 하늘나라에 가게 되어 미안하다고 써 보여 주라고 했단다. 세영이가 그렇게 했더니 할머니도 소리 없이 눈물을 흘렸다는 것이다.

비가 끊임없이 내리던 날 오후, 세영이가 할아버지와 할머니를 OO요양원으로 함께 모셨다는 전화를 해 왔다. 점심시간에는 두 분이 휠체어를 타고 로비에서 마주 앉아 할아버지는 이야기를 하시고 할머니는 소리 없이 웃기만 해서 보기에 답답하다라고 해서 가 보았다.

세영이 할아버지는 내 손을 잡고 아직도 우리는 할 말이 많은데 저리 못하고 있으니 말문을 열어줄 명의를 찾아 달라고 하소연했다.

그리고 할머니를 향하여 "여보, 당신은 이제껏 정성으로 나를 섬겨 왔고 나도 사랑을 듬뿍 쏟았잖아요. 지난 세월 좋은 일, 궂은일을 함께 하며 아이들을 키웠고 노년을 더욱 다복하게 살려고 했는데 병마가 이렇게 찾아왔네요. 누구보다도 또박또박 말 잘하던 당신이 왜 이렇게 되었소. 당신도 할 말은 많을텐데 하지 못하니 답답하지요. 천국에 내가 먼저 가면 당신을 기다리겠소. 당신이 먼저 가더라도 날 꼭 기다려 주시오. 그곳에서 육신의 아픔을 모두 벗어던지고 맘껏 못다 한 이야기를 합시다. 내 말을 듣고 있는 것이오?"

세영이 할머니는 식물인간으로 연명치료가 언제까지 갈까? 할아버지는 암세포가 뼛속으로 침범하니 그 고통이 또 얼마나 심할까. 고통을 참아가며 외치는 할아버지의 애절함을 듣고 있는 건지 할머니는 그저 오늘도 빙그레 웃고만 있었다. '우린 아직 할 말은 많은데, 할 말은 많은데' 하면서 안타까워 하는 할아버지의 음성이 비록 육신은 고통 중에 있지만 마지막까지 사랑의 끈을 놓지 않으려는 노부부의 순애보를 보는 듯했다. 할아버지의 소망대로 부디 천국에서 다시 만나 그동안 못다 한 말들을 맘껏 나누시기를 바라면서 나는 요양원 문을 나섰다.

일확천금의 꿈

　우리 집 근처 로또복권 판매점에는 많은 사람들이 모여들고 있다. '인생대역전의 기회다. 이번 주는 당신이 당첨된다.'라는 유혹의 깃발이 나부끼고 경쾌한 음악이 쾅쾅 울려 퍼지면 흥거운 분위기는 더해만 간다. 오늘의 행운은 내 것이다! 싱글벙글 기대에 차 보이는 얼굴들을 보고 있으면 내가 오래전에 겪었던 라스베거스의 유쾌하지 못한 추억이 되살아난다.

　미국 남서부 수천 년에 걸쳐서 생성된 그랜드캐년에 갔을 때, 소형 경비행기를 타고 계곡을 횡단하는 데만 한 시간이 소요되었다. 육상에서 바라본 계곡 높이 솟은 절벽과 바위들은 오랜 세월동안 풍화작용으로 인해 갖가지 웅장하고 기묘한 형상으로 우리를 맞이하여 온 종일 경탄을 금치 못했다.

　석양이 붉게 물들어 가는 라스베거스는 그야말로 불야성이었다. 형형색색의 네온사인으로 장식된 휘황찬란한 시가지는 내 생애에 처음 보는 별천지로 느껴졌다. 가이드의 안내로 세계적인 슈퍼스타의 원맨쇼를 본 나는 마음이 흥분되었다. 프란츠 캉캉스타일의 쇼는 황홀감에 빠지게 했고, 흥겨운 연주에 맞추어 춤추는 아가씨들의 자태는 가히 예술이었다.

연이어 찾아간 곳은 세계적인 명성을 가진 카지노였다. 입구부터 많은 사람들이 북적여 야시장과 같은 분위기였다. 감미로운 음악이 흘러나오고 수없이 많은 테이블마다 웅성거리며 환희에 찬 사람들이 탄성과 함께 박장대소 하였다.

어느 청년은 거액을 잃었는지 험상궂게 찌푸린 표정으로 시거를 신경질적으로 씹어댔다. 도박시장의 규모는 대단했다. 나는 주눅이 들어 테이블 근처에는 접근도 못하고 구석진 곳에 있는 슬러 머신을 잡고 행운을 기대하는 마음으로 열심히 당겼다.

한참이 지나서야 붉은 불빛이 뻔쩍뻔쩍, 경쾌한 음악소리와 함께 동전이 우르르, 우르르 쏟아져 내렸다. 주위에 도박꾼들이 모여와서 럭키럭키 소리치며 박수를 치고 축하해주어 어리둥절했다. 그때서야 큰 행운을 잡은 것을 알고 기분이 좋아서 탄성을 지르며 어쩔 줄 몰라 했다. 동료인 이 원장이 내일 여정을 위해 나가자고 했지만 나는 고집스럽게 더 계속했다.

그 후 기계는 반응 없이 동전만 삼켰다. 허탈한 기분으로 돌아와 침대에 누웠으나 음악소리와 돈이 쏟아지는 장면만 눈에 선했다. 건너편에선 연신 위스키를 마시며 담배를 피우던 백인 청년의 초췌한 모습이 애처롭게 느껴져서 잠을 이룰 수가 없었다.

다음날은 골프장으로 갔다. 초록빛으로 채색된 숲과 나무들, 넓고 길게 펼쳐진 비단 같은 잔디는 마음까지 시원하게 해주었고, 골프코스 주변은 이름 모를 꽃들이 지천으로 피어있었다. 푸른 강물이 유유히 흐르고 있는 이 아름다운 곳에서 골프를 칠 수 있다는 것이 꿈만 같았다. 우리는 예약된 조별로 티업이 시작되었다. 나도 일번 티박스에 오르며 좋은 추억을 만들어 보겠다는 야심으로 티업 하였으나 첫 홀부터 숲속으로 들어가고 말았다.

경기가 진행됨에 따라 점수가 엉망이었다. 밤에 잠을 설쳤으니 집중력이 떨어진 것인지, 골프 내기에서는 많은 돈을 잃었다. 그때의 쓴 맛은 지금까지도 잊혀지지 않는다. 사람이 누구나 사행심을 가질 수는 있다지만 도전한다고 다 성공하는 경우는 극히 드물다.

문경인 이 고장에서 광산 산업이 한창일 때 큰 광맥을 잡아 일확천금을 얻어 지금까지 수많은 계열회사를 운영하고 육영 재단을 설립하여 많은 인재를 양성한 사람이 많다. 국가발전과 지역경제를 크게 활성화 하며 꿈을 이룬 사람도 있지만 많은 사람들이 땅속 깊이에 흑진주(석탄)을 캐어 거부가 되겠다는 과욕으로 패가망신한 자도 많았다

사행심은 의욕과 기회가 될 수도 있지만 일시적인 호기심으로 끝

나지 않는다. 성실한 노력과 땀 흘려 일하지 않고 도박의 경지에 빠지게 되면, 아편에 중독된 환자들처럼 불행한 삶을 살아가게 되는 것이다. 그뿐만 아니라 여러 가지 복권에 당첨된 사람들이 큰 횡재를 한 것 같지만, 행복하게 살아가고 있다는 소식을 들은 적이 없다.

젊은이들이 로또복권으로 행운을 얻고자 하는 이유는 호기심도 있겠지만, 취업하기 어려워 직장이 없고 부모에게 용돈을 받기도 미안해서 그럴 수도 있을 것이다. 또 경제적으로 어려운 사람이 적자가 난 카드를 메우기 위해서 그곳을 찾는 지도 모를 일이었다.

일확천금의 꿈을 이루려고 로또복권 판매점에 웅성거리며 몰려드는 사람들을 볼 때마다 내 마음이 짠하다. 라스베거스 카지노에서 담배연기를 뿜어대며 한숨짓던 더벅머리 백인 청년은 지금쯤 어떻게 되었을까. 오늘 그의 모습이 눈에 아른거린다.

의사도 다치나요

요즘 일기예보는 적중률이 높은 편이다. 이른 아침에 일어나는 습관이라 새벽인데 창문 쪽이 훤하다. 창문을 여니 온 시야가 밤사이 내린 눈으로 하얗게 치장하여 아름답다.

우리 집 건너편 우체국 화단에 우뚝 선 향나무들마다 하얗게 눈을 뒤집어써 매실 꽃이 만발한 듯 아름답게 보였다. 해가 뜨기 전에 병원 입구 도로의 눈을 치워 환자들이 오시기 좋게 하기 위하여 방한복을 챙겨 입고 창고에서 삽과 빗자루를 가지고 눈을 치우기 시작했다.

나는 삽으로 눈을 밀어내고 아내는 뒤를 따라 쓸었다. 아침 눈을 치우다 보니 힘이 들어 온몸에 땀이 젖어오고 손목이 시큰거렸다. 아무래도 손목에 무리가 된 것 같았다. 샤워를 하고 시큰거리는 손목을 마사지하고 있자니 작년에 있었던 사고 영상이 떠올랐다.

새벽 미명이었는데 교회 가는 길이 안개가 자욱하여 십 미터 앞도

제대로 보이지 않을 정도였다. 후레쉬를 가져가려다가 수십 년을 다니던 길이라 눈 감고도 갈 수 있다는 생각에 시간이 없어 속보로 날아가듯 달려갔다. 한순간 오른쪽 발목에 무엇이 딱 걸리는 듯했다. 속보로 가는 중이라 멈추지 못하고 발을 빼는 듯하다가 순간적으로 앞으로 넘어졌다. 앞가슴이 보도에 넘어져 부딪쳤다. 숨을 쉴 수도 없을 정도의 압통으로 도저히 혼자서는 일어날 수가 없었다. 이른 시간이라 지나가는 사람들도 없어 도움을 청할 수도 없었다. 처참한 신세가 되었다.

  눈을 떠서 앞을 보니 교회 십자가가 빛나고 있었다. 온힘을 다하여 일어나니 오른쪽 손목 통증과 양쪽 무릎의 옷은 찢어지고 한 발자국 나아갈 때마다 오른쪽 가슴은 통증으로 고통스러웠다. 집으로 갈까 교회로 갈까 망설이다 장로로써 이만한 고통을 견디지 못하고 새벽기도를 포기할 수 없어 마음을 굳히고 교회로 향하여 갔다. 새벽기도 시간에 예수님의 십자가 고통이 얼마나 심했을까, 이런 고통과는 도저히 비교되지 않을 엄청난 고통이었을 것이라는 생각만 되뇌었다. 오른쪽 가슴은 심호흡을 할 때마다 통증이 느껴져서 갈비뼈에 단순골절이 생겼다는 짐작이 갔다. 오른손목은 약간 부어 있었고 통증이 동반되는 것을 보니 선상골절정도로 생각되었다. 내 실수로 다쳤으니 골절 치료를 하면서도 참고 환자 진료를 계속하기로 각오했다.

집에 돌아와 아침식사를 하고 예배시간에 빠지지 않으려 교회에 갔다. 1부와 2부 예배에서 맡은 찬양 베이스 파트에서 가슴을 손으로 적당히 고정을 하고 노래를 불렀다. 그러나 고통스러운 모습을 보이지 않으려고 하였기에 갈비뼈가 부러진 것을 교우들 중에는 아무도 몰랐을 것이다.

다음날 아침에 M정형외과 원장의 진료를 받기 위하여 우리 병원에서 흉부X선 사진과 손목 사진을 찍어 필름을 가지고 갔다. 흉부 갈비뼈 우측 6.7.8번 골절과 오른손은 요골선상골절로 반깁스를 하려고 대기실에 앉아 있는데 안면이 많은 환자들 여러 명이 "원장님 다치셨네요. 많이 아프지요. 의사도 부러지세요." 하는 것이다. 창피해서 몸 둘 바를 몰랐다. 나는 "의사도 사람인데 부주의로 넘어져서 부러졌습니다. 염려를 끼쳐서 미안합니다." 하고 웃어 넘겼지만 참 창피했다.

내가 골절처치를 하고 팔걸이를 한 형상으로 병원 현관에 들어섰다. 진료시간이 많이 지나 있어서 늦어서 미안합니다 하고 진료실을 들어가는데 대기 중에 환자들이 놀란 듯 "아이구 원장님도 팔이 부러졌네요." 모두들 한마디씩 했다. 환자들은 문진도 하기 전에 "원장님 많이 편찮아서 어떡해요." 환자들이 원장을 위로하여 민망스러운 날들을 보냈다. 염려를 끼쳐 미안하다는 말을 하며 평상시와 같이 진료했다. 그런데 왼손으로 청진을 하고 병역지에는 기록을 해야 하는데 그림 그리 듯 하니 참으로 불편했다. 평생 장애자들의 불편함을 몸소 체험하면서 많은 것을 느끼게 되었다. 진료시간이 끝나면 2층 병상침대에서 6주간 동안 자가 입원생활을 하였다.

입원생활을 하면서 질병으로 투병하는 환자들과 장애자들의 고통을 체험하게 되었다. 또한 이들이 겪는 고통을 이해하고 해소하는 일에 최선을 다하는 의사로 거듭나야하겠다는 다짐을 했다.

군 폭력의 피해자

일요일 아침 KBS TV에서 명사들의 회고록 프로가 방영되고 있다. 이 프로에 흥미를 가지면서 청취하는 습관을 가지게 되었다. 오늘 아침에는 한국의 법의학 권위자인 문국진 고려의대 명예교수와 아나운서의 좌담이었다. 그의 법의학 저서도 읽었고 해마다 열리는 세미나에도 참여한 적이 있었다. 문 교수는 법의학에 지평을 넓혔는가 하면 후진양성에도 많은 애를 쓴 존경받을 분이다. 나도 어려운 사건이 생겼을 때는 전화로 교사를 받은 적도 있었다. 그는 살인사망 사건이 생기면 사인을 규명하는데 있어 과학적인 수사가 무엇보다 중요하다고 강조하였다. 이러한 좌담을 듣고 있으니 문득 과거에 경험했던 사건들이 뇌리를 스쳐지나갔다.

40여 년 전 고향 문경에 돌아와 의원을 개원할 당시에는 인구가 16만 명이 되는 중소도시였다. 시멘트 공장을 비롯해서 성광광업소, 봉명광업소, 대성광업소 등 석탄광업소들이 있었다. 군소광업소에는 전국에서 노동자들이 몰려들었다. 따라서 광산 막장에서 매몰사고와 불량노동자들로 인한 사고 사망자들이 종종 있었다. 그래서 광산 막장에 매몰된 광부들의 사망사건이나 석탄수송 중에 화재사건으로 생기는 인명사망 검시 등에 참여하게 되었다. 그 검안에 참여했던 사건 중 잊혀지지 않는 일이 있었다.

그날도 아침 조간신문을 보고 있는데 요란하게 전화벨이 울렸다. 전화기를 드니 황 수사관의 음성이었다. "아침 일찍 미안합니다. 어젯밤에 영순 유원지에서 폭파사망사고가 났습니다. 상주검찰청 남 검사로부터 폭발사망사고의 현장을 잘 보존하고 사망사고 원인규명과 사체검안서를 24시간 내에 작성하여 보내라는 명령이 하달되었습니다. 오늘 휴일이지만 현장으로 모시겠습니다."

우선 검안 시 주로 입는 옷으로 갈아입고서 병원치료실에서 검안 철가방을 챙기고 있는데 현관에서 비상벨이 울렸다. 문을 열고 보니 경찰차가 이미 대기하고 있었다. 영순 유원지에 도착하여 안내하는 대로 언덕위에 오르니 접근금지줄이 설치되어 있었다. 접근금지줄을 따라 한 바퀴 돌아가는데 새하얀 머리에 꼬부라진 노파가 방성대곡을 하면서 울고 있었다. 어떻게 검시를 할까 생각하기 위해서 소란스러운 울음이 방해가 되니 황 과장에게 잘 달래서 자리를 옮기도록 부탁했다. 사체는 폭발물에 의해서 참혹한 상태로 흩어져 있었고 바람결에 화약과 사체에서 풍겨오는 냄새가 대단히 고약해 두통까지 왔다. 손 경사에게 현장에 있는 물질적인 증거를 찾기 위해서 현장 사진을 찍도록 부탁했다. 현장을 바라보면서 사체의 머리쪽과 하지쪽 그리고 움푹 파여진 곳이 사체의 복부와 흉부 쪽으로 추정되었다. 몸의 중심부에서 폭발물이 폭파한 것으로 생각되었고 흉부가 산산 조각난 가운데 찢어진 심장에서는 피가 고여 있었다. 내장은 터지고 오물이 쏟아져 나와 악취가 났다. 폭발물이 무엇인지 살펴보니 군용수류탄 탄피들이 흩어져있었다.

  자살일까? 타살일까? 규명이 큰 문제였다. 두개골 위 잔디밭에 빈 소주병 5병이 놓여 있었고 담배꽁초들이 잔디사이에 흩어져 있었다. 술병은 있지만 술잔이 없는 것으로 봐서 병째로 소주를 마신듯 생각되었다. 수류탄 탄피와 방아쇠가 현장에서 발견이 된 것으로 보아 자살로 추정하였다. 더욱이 황 과장이 노파와 한 면담 내용은 자살로 결론내기에 충분했다.

  사망자가 노파의 막내아들이었는데 군생활 동안에 못된 상관에게 구타를 당한 흉터가 머리에 있다는 것이다. 몰지각한 상관에게 구타를 당하여 뇌손상을 입었고 그로 인해 간질병으로 고통스런 나날을 보내었다. 급기야 성격변화를 가져왔고 술과 담배는 물론 도박에도 중독이 되었다. 결국 자폭 자살로 그는 생을 마감했던 것이다. 청년의 고통스런 삶을 듣고 있으니 가슴이 몹시 쓰리고 아팠다. 어디 군 폭력 피해자가 이 청년뿐이겠는가. 지금도 이러한 사건들이 매스컴을 통해서 종종 보도되고 있는 실정이다.

오늘 문국진 교수의 좌담을 듣고 있으면 이러한 피해자들이 더는 생겨나지 않았으면 하는 바람이 더욱 간절하다. 그 모친의 통곡소리가 내 귀에 다시금 쟁쟁히 울려오는 듯하다. 신성한 국방의 의무를 완수하기 위하여 군에 입대한 장병들이 무사히 전역하여 자신도 자랑스럽고 가족들에게 기쁨을 줄 수 있는 대한의 남아가 되어 이러한 불행이 다시는 나오지 않기를 바란다.

3부
어머님의 삼계탕

어머님의 삼계탕

우리집에서 불과 30여 미터 거리 골목안쪽에 아늑하게 위치한 식당이 있다. 내가 의원을 개원할 시기와 거의 같이 식당업을 시작하여 삼계탕으로 소문이 자자하다. 몇 년 전엔 모 방송국 맛 자랑 멋 자랑으로 매스컴에 방영된 후 항상 문전성시를 이루고 있다. 특히 삼복 땐 예약을 하지 않으면 삼계탕 냄새도 맡아보기 어려울 정도로 손님들이 많다.

나는 가까운 이웃이라도 꼭 하루 전에 예약을 한다. 손님을 대접하거나 먹고 싶을 때 먹을 수 있지만 예약을 하지 않고 삼계탕 먹으러 온 손님들은 식당 종업원들의 애교 있는 거절로 섭섭하게 돌아가기 일쑤다. 손님이 넘쳐 다 유치 못함을 보고 상혼에 예민한 사람들이 삼계탕집이라는 간판을 걸고 가까운 이웃에 몇 집 개업을 하지만 손님들이 별로 없다. 아마도 음식솜씨에 숨겨진 노하우를 따라 갈 수 없고 식당 건물 자체가 한옥에다 여주인의 인심 또한 좋고 음식도 푸짐하게 주기 때문일 것이다.

　핵가족으로 살아가는 이 시대에 우리 가정의 여인들이 가족 몸보신을 위해 정성들여 준비한 삼계탕을 먹는 경우는 보기 힘들다. 처가에 백년손님인 사위에게 씨암탉을 잡아 주던 장모님의 사랑의 극치로 표현되던 때도 옛날 일로 사라졌다. 편하고 편리하게 식도락을 즐기는 현대인으로 인해 거리는 식당가를 이루고 외식하는 것이 자랑인 듯 느끼는 가족들도 없지 않다. 그래서인지 삼복 때 친구들 직장인들 많은 가족단위로 삼계탕을 먹으러 온다.

　워낙 손님들이 불어나 단층건물을 이층으로 증축해도 내실까지 손님들이 그득 그득 들어찬다. 한 번에 30여 그릇을 동시에 끓여 낼 주방시설도 작년에 확장한 것으로 안다. 삼계탕 뚝배기에는 영양분이 풍부하다. 비교적 중닭에 가까운 크기의 생닭, 인삼, 찹쌀, 대추, 밤, 마늘 등등이 오목한 뚝배기에 담겨 뽀글뽀글 끓으면서 상위에 놓일 때 구수한 냄새가 먼저 군침을 삼키게 한다. 반찬으로 매콤한 부추 절임, 상큼한 깍두기, 새콤한 식초에 담가 둔 마늘쪽, 젓갈 냄새가 나는 깻잎 반찬, 시원한 물김치 등이 식욕을 더욱 돋운다.

　"맛있게 드십시오." 상냥한 그 집 딸의 인사가 끝나자마자 술을 마시는 사람들은 서비스로 나온 인삼주로 반주 한 잔을 한다. 소금 반 숟가락정도 간을 맞춘 다음 김이 모락모락 나는 고기를 그릇에 덜어 먹으면서 구수한 국물을 후루룩 마시면 정말 맛이 일품이다. 이마에 땀을 닦아가며 먹다보면 어느새 배가 서서히 불러오고 마음마저 흡족해진다. 함께 먹던 친구들이 하는 말이 "우리 사는 곳에는 이렇게 맛있는 삼계탕은 없는데 원장은 원할 땐 이것을 자주 먹을 수 있어 행복하겠다." 한다. 그래서 나는 친한 친구나 귀한 손님이 오면 내가 사는 이곳에도 KBS 맛 자랑 멋 자랑에서 소개된 식당이 있다면서 식사 접대를 하려고 이곳에 자주 온다.

언제부터인가 내 집같이 드나들게 되었다. 지난해 둘째 아들 혼사 땐 잔치음식이라고 예식장 뷔페만 하지 말고 구수한 삼계탕으로 하면 좋겠다는 강요로 두 곳에서 음식대접을 하기도 하였다. 나로 인해 식당의 손님들이 늘어나는 줄 알고 나만 가면 "원장님 오셨어요."가 아니라 "회장님 오셨어요." 이렇게 깍듯이 인사를 한다. 내가 원장이지! 하면 "우리 식당 이사장님 해 주세요. 전 여사장 할게요." 하면서 여주인은 자지러지게 웃는다.

삼계탕의 칼로리 계산은 해 보지는 않았지만 영양이 풍부하고 스테미나를 보충하기에는 좋은 음식으로 여겨진다. 점심으로 한 그릇 먹은 날 저녁식사 시간이 될 때까지 든든하고 시장기를 느끼지 않아 간식이 필요치 않다.

내가 어릴 때 한밤 잠결에 달그락 달그락 소리가 들려서 살며시 눈을 떠보니 형이 뚝배기를 긁어 가면서 후룩후룩 국물을 마시고 있었다. 어머니는 형에게 너무 소리 내지말라시며 내가 깰까 염려하셨다. 구수한 삼계탕 냄새가 내 코 속으로 스며든다. 나는 침이 꿀꺽 넘어갔다. 왜 형만 먹게 하는가. 가끔 외삼촌께서 홍이는 다리 밑에서 주어왔다고 하더니 정말인가 서러운 생각에 소리 없이 눈물이 내 뺨을 적셨다.

그 후 한겨울밤에 나도 삼계탕을 먹게 하셨다. 탐식하는데 "경홍아, 혼자 다 먹을 수 있으니 천천히 먹어라, 체할라." 어머님은 흐뭇한 표정으로 바라보시며 튼튼하게 자라라고 하셨다. 나도 형님과 같이 사랑하는 것을 그제야 알았다. 어머님의 참사랑을 몰라 섭섭한 마음에 속으로 원망했던 일이 지금까지도 죄송스럽다.

아버지께서 일찍 세상을 떠나셔서 홀로 오남매를 키우기에 고생을 많이 하셨지만 아버지의 가훈에 철저하셨다.

추석 성묘 때 부모님 묘소 앞에서 "저는 불효자입니다, 죄송합니다, 그리고 감사합니다."라는 말씀을 올렸다. 오늘날 저의 위치를 지켜 후손들을 양육하며 살아갈 수 있었음은 저에게 사랑으로 교훈하신 부모님의 은덕임을 고백하는 순간 걷잡을 수 없이 눈물이 흘러내렸다. 의아해 하는 가족들에게 설명을 하였더니 모두들 잠시 숙연해진다.

이처럼 어머님의 사랑을 느껴 보려고 식당에 자주 드나드는 내 심정을 아무도 모를 것이다. 식당 여주인과 종업원들은 자기네 삼계탕이 나의 식도락이겠거니 생각하는 모양이다. 환자를 진료하면서 겪는 어려움이나 짜증이 날 때, 세상일이 실망을 줄 때 어머님께서 정성을 다해 끓여 주셨던 삼계탕 맛을 느끼고 힘을 얻으려고 이 식당을 즐겨 다니는 것이다. 이 식당과의 인연이 계속되는 한 삼계탕을 먹으며 어머니의 사랑을 느낄 수 있으리라.

삼계탕을 먹을 때마다 우리 어머님의 사랑이 너무나 그립다.

된장찌개 이야기

　시골에는 알려지지 않은 비화가 많다. 군청 마당의 아침청소가 끝날 무렵 새까만 세단이 들어오고 있었다. 청소원은 빗자루를 내려놓고 달려가니 세단 승용차의 유리창이 내려지며 처음 보는 낯선 분이 있었다. 어디서 오셨는지 공손히 묻자 서울에서 온 정장관이 이곳 윤세달 군수를 만나려고 오셨다고 했다. 잠시 전에 군수님은 남종면 소촌리에 가셨다고 전하자 세단차 손님은 같이 가서 안내해주기를 부탁했다.
　청소복의 누추한 옷을 입은 탓에 타기를 망설였지만 친절한 권유에 같이 타고 가는 중에 뒤에 타신 분이 정소영 농수산부장관이라고 소개도 했다. 돌아보니 얼굴에 미소 가득한 분이 계셨다.
　"모를 심을 물이 이곳도 부족하지요?"
　"논에 물이 없어 호미로 파서 모를 심을 정도입니다." 차는 소촌리에 도착하고 이장 댁에 들러서 군수님의 행선을 물었으나 이장님도 모르고 있었다.

분명히 약 1시간 전에 오셨을 텐데… 앞 들판을 바라보니 연못가에 비닐 우비를 입은 사람이 보였다. 청소원은 "우리 군수님 모습입니다." 하며 "군수님, 군수님!" 불렀다.

뒤돌아보는데 윤세달 군수님이라고 하자 운전을 하고 오신 분이 달려가면서 정소영 장관께서 오셨다고 전했다. 군수님은 놀란 듯 "장관님께서 이곳까지 오셨습니까?" 깊이 고개 숙여 인사하며 정 장관께서는 윤 군수님 손을 덥석 잡고 "직접 군수께서 한해로 인한 농민들의 고통을 덜어주니 고맙습니다." 하면서 윤 군수님을 안아 주셨다. 그 후 민선 행정에 헌신적인 공무원으로 군수님은 소문이 났다.

하루는 박정희 대통령께서 밀짚모자를 쓰고 수행원들과 같이 이 군청에 오셨다. 윤 군수는 농촌현황을 보고했다. 박정희 대통령은 군수를 앞세워서 들판에 모를 심는 농부들이 땀 흘리는 모습을 보시고 쌀 증산에 온 힘을 다하라고 격려하셨다. 농수산부 장관에게 양수기나 쌀 증산을 위해 최대한 지원하라고 지시하시며 농민들과 함께 막걸리를 마시고 웃으면서 자리를 떴다.

대통령의 만찬을 위하여 광한루 식당에 준비를 하고 박 대통령을 모시려고 했다. 그러나 박 대통령은 "이곳에서 가까운 할매집에서 된장찌개를 먹었던 적이 있는데 소고기를 약간 넣어 장맛이 좋던데

거기로 갑시다." 하셨다. "각하, 광한루에 고급음식으로 만찬이 준비되었습니다."

하지만 박 대통령께서는 "그곳에는 일선에서 고생하는 공무원들에게 식도락을 즐기게 하고 나와 우리 수행원들과 군수는 할매집에서 된장찌개를 먹읍시다." 그렇게 해서 박정희 대통령 일행은 할매집에서 식사를 하고 가셨다. 그 후 그 집은 날마다 문전성시가 되었다.

그리고 윤세달 군수는 경기도 도지사까지 승진하였고 사회정회위원회 사무총장으로 헌신하시다가 과로로 인한 심장경색으로 돌아가셨다. 나는 그곳에서 보건소장으로 재직 시 윤세달 군수님이 헌신적으로 공무 집행하는 것을 보고 많은 것을 배웠다. 그 이후로 소고기 기름이 노랗게 웃도는 된장찌개는 나의 기호식이 되었다.

가난한 조국을 위한 새마을 운동과 산업화까지 경제 성장을 이끌어 주셨던 분, 박정희 대통령과 헌신적인 윤세달 군수님은 내가 된장찌개를 먹을 때마다 떠오르는 분들로 늘 감사하는 마음을 갖게 한다.

웃으면서 떠난 친구

고향에 돌아와 개원한 지가 40년 가깝다. 초중고등학교 동기 중에 죽마고우인 초등학교 동기들이 가장 다정다감하다. 일 년에 한 번씩 전교생이 모이는 총동창회 체육대회 개최 시에는 전국 곳곳에 흩어져있는 동기들이 모인다. 지역에서는 거의 두 달에 한번 꼴로 모임을 갖고 친교를 나누며 옛날 학창 시절에 즐거웠던 이야기로 꽃을 피운다. 이제 나이들이 들어서 더 모임을 원활하게 하기 위해 부부 동반으로 모이니 분위기는 항상 웃음꽃이 핀다. 설날을 지나 정월 대보름이 되면 윷놀이로 즐거운 시간을 함께 보낸다. 농사를 짓거나 사업을 하는 등 고향에 오래도록 머물던 친구들이 대부분이다. 그리고 타향에서 수십 년을 생활하다가 고향으로 돌아온 친구들도 여러 명 있다. 옛집을 수리하고 노후를 친구들과 함께 즐기려 한다.

오늘도 정월 대보름날에 윷을 놀기 시작했다. 사랑팀과 행복팀으로 패를 갈라 초반부터 치열한 응원전을 벌이면서 순서대로 윷놀이가 진행되었다. 가장 분위기를 신명나게 조성시키던 친구는 인천에서 주택건설 사업을 하던 홍 사장이다. 막대한 자산을 보유하고 있던 친구가 사업을 자녀들에게 물려주고 이제는 자유로운 생활을 하게 되어서인지 더욱 더 표정이 밝고 신명나는 모습이다. 오늘 모임 경비는 "내가 모두 쏜다 즐겁게 놀자" 외치며 윷을 던진다. 홍 사장은 초반부터 모가 나오더니 연달아 3번째까지 나왔다. 흥분하여 소리를 지르며 웃음을 그치지 못하고 몸을 휘두르다가 순간적으로 몸이 앞으로 꼬꾸라졌다.

처음에는 모두 웃으며 장난으로 넘어진 것으로 생각하고 일어날 때를 기다렸다. 그러나 넘어진 후로는 꼼짝하지 않는다. 친구들은 일제히 이구동성으로 "의사 어디 갔어. 경홍아 저 친구 좀 봐라." 하고 소리쳤다. 나도 함께 웃다가 친구에게 달려들어 확인하니 호흡이 멈춘 듯 맥박도 정지되었고 동공도 확장되어 있었다. 나는 즉시 친구들에게 119를 불러라 소리치고 심폐 소생술을 힘껏 시행하기 시작했다. 그러나 전혀 반응이 없었다. 그래도 열심히 심폐 소생술을 시행하는 동안에 119대원들이 도착했다. 산소호흡기 마스크를 설치하고 심폐 소생술을 계속하는 동안에 ㅇㅇ병원 응급실에 도착했다. 응급실의 의료진들도 내가 시행하던 심폐 소생술과 심장충격파를 보냈지만 아무 반응도 없었고 어느덧 친구의 얼굴은 새카맣게 변해 있었다. 응급실장이 "원장님 심근경색으로 인한 사망인 듯합니다."

라고 선고했다. 그동안 달려온 친구 부인과 우리 동기들은 침울한 가운데 눈물을 흘릴 수밖에 없었다.

나이가 들면서 세상을 떠나는 경우 대부분 질병의 고통 없이 자면서 죽으면 좋겠다는 말을 노인층에서 많이들 한다. 그러나 이 친구는 노년에 여러 가지로 만족과 풍성함을 누리면서 신나게 살다가 윷놀이의 연속적인 모가 쏟아지는 바람에 흥분해서 웃다가 세상을 떠난 것이다.

친구들 한 사람 두 사람씩 우리 곁을 떠나간다. 어떤 친구는 평생에 담배를 끊지 못해 천식으로 혹은 폐암으로 떠났고 또 술을 즐기는 친구들은 간경화의 합병증으로 복수가 차서 간혼수로 깨어나지 못하고 세상을 떠나기도 했다. 동기 중에 유일한 의사였던 내가 친구들의 병중에 중환자실에 드나들며 마지막 순간을 바라보게 되는 경우가 많다. 그러다보니 다른 친구들이 느끼지 못하는 인생 종말의 슬픔과 고통을 누구보다도 더 많이 느끼며 허탈한 마음으로 시간을 보내는 경우가 많다.

여러 가지 노환으로 세상을 떠나는 친구들의 경우도 있지만 홍 사장처럼 즐거워 하다가 웃으며 세상을 떠나는 친구는 특별한 경우라 더욱 안타깝고 슬픈 이별이었다. 평소에 성격이 쾌활하고 친구들 간의 누구 못지않게 사교적이라 동기들에게 듬뿍 호평을 받았다. 다른 직업보다도 의사를 존중하고 그래서 나에게 더 많은 우정을 쏟아온 친구였다. 그러한 친구와의 이별 앞에서 어느 때보다도 슬픔을 느끼고 인생의 무상함을 실감하게 한다. 그러나 세상을 떠나면서 마지막으로 경쾌하게 웃었다니 영원한 세상을 바라보아서였을까.

이발

"원장님은 변함없이 젊어 보이세요. 제 자식들이 어릴 때 병이 나면 여기에 와서 늘 치료를 받았는데, 지금은 장성해서 큰아들은 군 복무 중이고, 둘째아들은 대학에 재학 중입니다. 많은 세월이 흘렀지만 원장님은 비교적 젊어 보인다는 말씀입니다." 이런 말을 듣게 되면 난 기분이 매우 좋고 진료 시 절로 힘이 난다. 간혹 "원장님! 몇 년 전보다 더 늙으셨네요." 하면 기분이 좋지 않고 어깨가 내려앉는 것 같다. 왜 각자 보는 눈이 다를까? 그래서 매일 아침 면도를 하고 이발을 자주 한다. 이발을 한 주에는 틀림없이 젊게 보인다는 이야기를 듣게 된다.

누구나 사회생활을 하면서 상대에게 깔끔하게 보이는 것이 좋다. 우리 아버지께서는 이발을 자주 하셨다. 우리 어릴 때는 아버지께서 이발기계를 사셔서 담장 밑 사과박스 위에 앉아 머리를 깎았다. 그리고 명절이 되면 아버지가 우리 형제들, 사촌 더 나가 동네 아이들까지 머리를 깎아주셨다. 머리 깎을 아이들이 많았을 때는 삼촌도 같이 깎아 주셨다. 성미가 급하신 삼촌이 깎을 때는 너무 빨리 밀어 머리털이 씹혀 상처가 나는 경우도 종종 있었다. 아이들은 아파서 닭똥 같은 눈물을 흘리면서도 소리 한번 못 지르고 꾹 참는 모습이 지금도 눈에 선하다. 그땐 그 상처에 소독할 여건이 되지 못해 세균 감염으로 부스럼이 생겨 황야의 선인장처럼 머리 이곳저곳 부스럼 덩어리가 붙어있는 아이들도 있었다. 겨울에는 명절 때라야 목욕을 한번 할 정도였으니 위생상태가 나빴다. 머리가 길면 '이' 라는 생물이 머리 위에 기어 다니는 것을 보기 예사였다. 겨울 아침 조회 때 흔히 보는 일이지만 따뜻한 햇빛을 맞으려 나온 '이' 가 검정교복 위에 전투병 포복하듯이 기어 다니는 것을 보고도 웃기만 했다. 학교에서는 '이' 의 전염을 막기 위하여 아이들을 운동장에 세워놓고 DDT를 머리부터 온몸에 뿌렸고 계집아이들은 참빗으로 빗어서 서캐를 잡았다.

　사내아이들은 서캐를 없애기 위해 머리를 빡빡 깎았다. 그러면 아이들은 서로 까까중이라고 놀렸다. 그런데 요사이는 데모현장에서 삭발을 시작하면 함성이 터져 나오고 분위기는 더욱 살벌해지는 것 같다. 가벼운 면도 후 스르르 잠이 올 때면 꿈결 속에 아련히 나타나는 친구들이 있다.

　어린 시절 함께 머리 깎을 때 닭똥 같은 눈물을 흘리던 친구 영일이는 목회에 대성하여 교회를 섬기고 있고, 코를 훌쩍이던 종식이는 서울시내에 고등학교 교장으로 봉직할 때 만난 적이 있다. 이제는 퇴직을 해 작년엔 구라파로 2개월 간 여행을 했고 올해는 북미여행을 하고 돌아왔다고 며칠 전에 안부 겸 자랑 전화가 왔었다.

이발관도 세월이 흐르면서 이발문화가 많이 달라져간다. 내부구조의 인테리어며 면도를 여종업원이 전문적으로 담당을 하고 서비스로 안마까지 한다. 어떤 곳은 밀실을 만들어 퇴폐영업을 해 사회에 물의를 일으키기도 한다. 중소도시인 이곳에서도 아가씨가 안마를 곁들여 이발을 하는 곳이 있다. 그곳엔 남자들이 이발관으로 모여든다. 여종업원이 일반인들과 같이 나에게도 온몸 안마를 하려하면 머리와 얼굴 마사지만 허용한다. 온몸 안마는 마음이 편하지 않아 사양을 한다.

면도, 안마하는 종업원들이 여러 명 되는 곳에는 손님이 많지 않을 때 버젓이 고스톱 판을 벌린다. 껌을 딱딱 씹어대는 꼴은 밉상스럽다. 그래서 이발관 안 분위기는 시끌시끌하다. 이발사도 가위질하면서 곁눈질로 화투판에 간섭을 한다. 찔릴까 불안하고 머리를 거칠게 다룬다. 마음이 화투판에 가 있어 대충 손질하고 면도도 슬쩍 해서 집에 와 얼굴을 만져보면 다시 해야 할 정도다.

머리카락이 줄어드니 집사람이 미용을 이용하면 머리를 곱게 다룬다고 미장원으로 이발하도록 하자고 하여 가 보았다. 젊은 주부들은 고부간의 갈등, 시누이에 대한 험담을, 중노년층 주부는 서울에 사는 사돈이 부자라 우리 아들은 강남에 수억 가는 아파트로 이사를 했다는 등, 또 사돈 회갑에 초청 받아 호텔에서 몇 만 원짜리 뷔페에 손님마다 외제 고급 화장품 선물까지 주더라는 등 자식 자랑을 한다. 요사이는 이발관이나 미장원이 모두 소란하다. 과거 이발관에선 굵은 솔 붓으로 비누거품을 얼굴 전체에 바르고 따뜻한 물수건으로 얼굴을 덮으면 훈훈한 기운이 온몸으로 퍼져 피로가 가시듯 몸이 편안해졌다. 한참 후 수건을 걷고 다시 비누거품을 발라 면도한 후에는 크림으로 얼굴을 가볍게 마사지한 후에 부드러운 면봉으로 귀 안 청소를 하면 지긋이 눈이 감겨서 꿀맛 같은 낮잠을 즐겼다.

오늘 처음 들린 이발관에서 주인인 듯 보이는 이가 미소 지으며 친절하게 맞아주었다. 머리모양도 앞뒤로 보면서 사뿐사뿐 가위질을 한다.

"춘추에 비해 머리숱이 많습니다. 머리염색도 잘되었네요."

"예, 염색만은 내 용모에 관심이 많은 집사람이 흰머리가 나타나기 무섭게 해줍니다."

내 나이쯤 되면 소갈머리 없는 대머리, 주변머리가 없는 대머리, 베레모를 씌운 듯한 대머리 등 여러 가지다. 나는 이것들에 속하지 않는다는 말이겠지. 다행한 일이다. 면도하는 여인도 "손님의 피부는 아주 희고 깨끗하셔서 어디 햇빛을 보지 않는 곳에서 사무를 보시는

가 봐요." 부러워하는 것 같았다. 의약분업 전에는 몸에 약 냄새가 배여 나서 의사신분이 노출되었는데 이제는 숨겨졌구나 싶었다.

두피를 기분 좋게 마사지하며 여러 번 헹구어 주었다. 그리고 머리에 헤어크림을 발라 헤어드라이로 손질을 하는데 이 각도 저 각도로 보면서 정성스럽게 손질해주었다.

"원장님! 저를 처음 보는 것 같지요."

"전 벌써 알고 성심성의를 다해 이발을 했습니다. 왜냐하면 10여 년 전에 환자가 많은데도 세심한 검사, 자상한 설명 등 치료과정이 믿음직했습니다. 위 내시경검사에 숙달된 원장님의 기술을 보고 우리 친척, 친구들을 소개 많이 했습니다."

"저도 나름대로 정성을 다해서 이발을 해 드렸는데 마음에 드세요?"

오늘도 나는 미용을 위하여 이발사에게 몸을 맡겼다. 그가 머리에 물을 뿌릴 때 나는 뇌리에 복잡한 생각을 씻었고 머리를 고르게 하기 위하여 머리카락을 빗을 때 마음을 정리하였다. 그리고 그 많은 머리카락을 사쁜사쁜 자를 때 욕망, 불평, 불만, 자만, 교만한 마음을 사쁜사쁜 잘라버렸다. 또 얼굴에 면도칼로 수염을 밀 때 내가 가진 가식과 위선을 밀어버렸다. 이발사가 성의를 다한 후 묻는 말에 "참 잘하셨습니다. 감사합니다." 미소와 함께 대답하고 거울에 비친 나를 쳐다보니 외모뿐 아니라 마음까지 말쑥한 기분이었다.

까치 가족의 수난

우리 병원 3층 동쪽 창문에서 우체국 담장이 건너다보인다. 그 모퉁이에 선 전주 위에 둥지를 마련한 까치 부부가 사이좋게 살고 있다. 잠시 시간이 나서 까치 가족들의 보금자리를 살짝 훔쳐보면 재미있다. 올해도 귀여운 새끼 한 쌍이 둥지에서 자라고 있다. 새끼들의 찍찍, 찍찍 우는 소리가 들릴 때가 되면 까치 부부는 먹이 공급에 분주해진다. 먹이를 받아먹는 모습은 정말 귀엽다.

인간들은 결손가정들이 늘어나는데 저들은 다정하게 살아가는구나싶어 볼수록 기특했다. 사람들도 저들의 다정다감한 행복의 모습을 배웠으면 좋겠다.

"또! 까치 봐요? 까치들이 나보다 더 보고 싶어요?"

질투를 하는 듯 아내는 핀잔을 준다.

"아니야, 나는 당신이 최고야. 하하."

웃음을 터뜨리면서 능청을 떤다.

내가 어릴 때 길 건너 앞집 모과나무에 보금자리를 둔 까치가 유난히 깍깍 울어 대던 날이 있었다. 이미 고인이 된 큰형님이 시골학생으로는 힘든 대구사대부고와 대구농림고를 동시에 합격한 영광을 가졌던 옛일이지만 그때 아버지는 일가친지들을 모셨고 어머니는 오곡찰밥과 산해진미로 마련한 진수성찬으로 음식을 준비하셨다. 아버지는 만면에 미소를 활짝 지으며 많이들 잡수라고 권하셨고 친지들은 형님을 수재라고 칭찬을 하셨다. 그 좋았던 기억을 되살려 보고 싶어서 형님이 그리울 때면 까치둥지를 바라보는 것이 습관이 된 것을 아내가 알 까닭이 없다.

아침에는 원근에서 모인 환자들로 대기실에는 담소를 나누는 소리로 시끌벅적하다. 나는 심적 육체적으로 고통을 겪고 있는 저분들에게 어떻게 하면 좀 편안하게 해드릴까 생각하면서 진료실에 들어설 때에는 마음이 엄숙해진다.

진료를 받기 위해 들어오신 백발에 주글주글 주름진 얼굴의 할머니는 문진도 하기 전에 흥분된 어조로 "원장 선상 밖에 좀 보소? 전공들이 전주 위의 까치 둥지를 땅바닥에 내동댕이쳐 까치 새끼들이 날개와 다리가 부러져 허우적거리며 죽어가고 있는데 아무도 그것을 보면서 말 한마디 하지 않네요."

행복한 까치 가족의 파멸이구나! 순간적으로 격분했다. 나는 환자들에게 양해를 구하고 길거리로 뛰어나가 현장을 목격하니 너무 처참하고 불쌍하게 보였다.

　전주 위에 매달린 전공에게 "무엇하고 있어요?" 크게 소리쳤다. 일하던 전공이 내려와 "왜, 그렇게 흥분하세요. 원장님! 저 던져진 까치집을 보세요. 대부분 쇠붙이잖아요. 까치 둥지를 전주에 둘 수 없는 이유입니다. 까치의 서식처가 산촌이 아닙니까? 전주에 둥지를 두었기에 정전사고가 많이 일어납니다. 이제는 까치가 길조가 아니라 흉조로 낙인이 찍혔습니다. 그래서 우리 한전에서는 까치와의 전쟁을 선포했습니다. 정전사고는 시민들에게 큰 불편을 주고 생산공장에도 지장을 주기에 까치 둥지를 철거하는 것이고요. 언젠가 원장님도 정전으로 환자진료에 지장이 있어 전화하신 적이 있다고 들었기에 이렇게 합니다."

　나는 할 말이 없었다. 지나가던 사람들도 피투성이가 되어 죽어 가는 까치 새끼들을 보면서 한마디씩 하며 얼굴을 찡그렸다.

　그 날 이후 우리 집 3층에서 건너다보이는 까치 가족의 둥지 자리에는 내 눈에 낯선 바람개비가 때때로 돌아가고 있어 창가를 외면하려고 해도 자꾸 돌아보게 된다.

　까치는 조석으로 날아와서 전주 주위를 맴돌며 까~악, 까~악 새끼들을 찾는 애끓는 울음소리에 내 마음도 슬퍼진다. 만약 말이 통해 속 시원히 알려준다면 포기하고 가슴에 묻을 것인데 몹시 안타깝다.

　새끼를 찾는 까치들의 애타게 우는 소리가 거칠고 사납다. 히치콕의 영화, 「새」의 장면 중 갈매기 떼들이 설쳐대는 모습과 흡사하게 보인다. 농가에서 열린 생일잔치에 갈매기 떼가 돌발적으로 날아들어 아이들의 눈을 빼고, 얼굴을 마구 쪼아 피투성이가 된 사람들이 비명을 지르며 쓰러지는 비참한 공포의 장면이 떠오른다. 새들이 왜 인간을 공격할까? 상상을 영화화한 것이지만 정말 지금도 생각하면 소름이 끼치는 영화였다.

근래에는 자연생태계가 파괴되어 감에 따라 굶주린 야생조수들이 먹이를 찾아 농산물에 피해를 주고 있다. 심지어 도심까지 접근하여 시민들에게 공포감을 주고 사나운 멧돼지는 사살되기도 한다.

최근 신문에 참외수확이 한창인 농가 비닐하우스에 단내를 맡고 까치가 습격하자 피해를 줄이려고 농민들이 까치 포획을 위해 총을 들었다는 사진기사가 있었다. 언제부터 사람들과 까치와의 관계가 이렇게 살벌해졌는가. 옛날에는 가을에 감을 딸 때 까치밥이라고 나무마다 몇 개씩 남겨 놓는 배려가 있었다. 내가 어릴 때 삭풍이 불면 앙상한 감나무가지에 빨간 홍시가 대롱거려 까치밥이 떨어질까 애가 탈 때도 있었다.

천지창조 후 만물의 영장인 인간들에게 피조물들을 생육하고 번성할 수 있도록 관리책임을 부여하였지만 인간의 이기주의적인 생각 때문에 자연계의 질서가 파괴되고 생태계의 돌변으로 인한 결과가 아니겠는가. 생태계가 파괴되기 전에는 곤충과 벌레가 조류의 먹이였지만 근래는 과일, 곡류가 먹이로 되었다. 그래서 조류와 동물이 인간의 생활주변으로 모여 온 까닭이다.

  어떻게 하면 창조의 질서와 모든 생명들의 공존공생으로 평화로운 지구촌이 회복될 것인지, 어떻게 하면 생태계가 복원될 수 있을까. 까치뿐만 아니라 동물의 수난은 인간들의 횡포요, 책임인 것을 모두가 자인해야 할 것이다.

  새끼들과 둥지를 잃은 까치 부부가 본향인 산촌에 보금자리를 마련했을까. 언제던가 다 자란 새끼들은 둥지를 떠났는지 부부가 조잘조잘하더니 뽀뽀까지 하는 것을 보았다. 아마 빈 둥지의 허전함을 달래는 것이리라.

  우리 부부도 아이들을 다 출가시키고 나니 집이 텅 빈 듯 허전할 때에 아이들이 어떻게 살아갈까 이야기하며 마음을 달랬다. 저들의 마음도 우리 마음과 마찬가지인 듯 보였는데 이제는 저들의 행복한 모습을 볼 수 없다는 것이 몹시 서운하다. 그리고 상실감이 들고 우울하기까지 하다.

  날이 새자 전주 주위를 맴돌면서 애절하게 까악까악 새끼들 찾는 울음소리가 들린다. 시시때때로 땅바닥에 내동댕이쳐져 붉은 피투성이가 되어 죽어가던 까치 새끼들의 모습이 떠올라 마음이 아프다.

가족계획

 오늘은 오후에 환자들이 띄엄띄엄 진료실로 들어온다. 갑자기 대기실 쪽에 아이들이 떠드는 소리로 왁자지껄하다. 진료실문이 열리며 김 간호사가 "인섭 할머니 오셨습니다." 하고 안내했다. 함께 온 인섭이 애비는 "엄마 허리는 좀 덜 아픈데 펴지지 않아요."라고 한다. "연세가 많으시니 그렇지요." 하는데 아이들이 "할머니!" 하면서 뛰어 들어왔다.
 "저 귀여운 우리 강아지들이 업어 달라고 매달리는데 허리를 못 펴서 업어주지도 못합니다."
 "아이들이 또렷또렷하고 몸무게가 많이 나갈듯합니다. 아이고 큰 일납니다. 저 애비가 같이 놀아주면 되지요. 할머니 손자들이 넷이나 되네요."
 "그래요. 저 네 명이 할아버지에게 매달리면 일어서지도 못하고 누어서 '자손이 많아서 이제 죽어도 한이 없다' 며 깔깔 웃으시지요.

인섭이 애비가 어릴 때 병치레가 많아서 선생님 병원에 살다시피 했잖아요. 한번은 설사를 많이 해서 축 처져서 일어나지도 못하는 것을 큰 주사를 놔서 살려주셨잖아요. 그때 선생님 아니면 삼대독자 손이 끊어질 뻔 했지요. 우리 영감은 지금도 가끔 그 이야기를 합니다."

"자손이 귀한 집인데 지금은 참 좋으시지요."

"그럼요 좋고말고요. 선생님 내 허리가 힘이 생기도록 좋은 주사를 좀 놔주세요."

"글쎄요, 연세가 많으셔서 될까 모르겠습니다."

대화 중에 인섭이는 "우리 엄마 뱃속에 내 동생이 또 들어 있대요." 하고 팔짝팔짝 뛴다.

"인섭 애비는 시청에서 출산장려금 두둑이 탔는데 또 아기 낳으면 또 줄까요. 애비야 아서라 욕심도 많다. 우리 영감은 평생 농사짓느라고 온몸에 골병이 들어 안 아픈 데가 없어 선생님 약을 계속 먹어도 아프다고 하네요. 애비는 농사 기계를 잘 돌려 밭, 논농사를 잘 짓고 우리 에미는 착하게 자식 농사를 잘 지어 귀여워 죽겠어요. 우리 식구 먹고 살고 네 새끼들 공부시키기도 남을 재산이 있잖니."

"다복하십니다. 참 좋겠습니다." 하고는 처방을 한 후 "살펴 가시고 다음 주에 또 오세요." 했다.

우리나라 가족계획의 변천사를 살펴보면 1960년대 이후 전쟁의 여파로 인하여 베이붐이 일어나 인구가 급격히 증가했었다. 그때는 가난에 허덕이던 때라 높은 출산율은 경제 성장을 저해시키는 것으로 작용하여 정부가 인구 억제 정책을 시행했었다. 1970년 때에도 산아제한을 진행했고 심지어 임신 안 하는 해로 지정도 하여 여성의 피임을 요구할 뿐만 아니라 남성 피임의 중요성을 강조하였다. 그 당시 나는 K도에 보건소 소장으로 근무할 때 아들과 딸을 잘 기르고 있는데 어머니께서 아들 하나만 더 낳아라 하셔서 순종했는데 세 번째는 아들 쌍둥이라 삼남일녀가 되었다.

가족계획 운동은 그 당시 박정희 대통령의 새마을 운동의 한 부분이라 나는 집사람과 아이들을 서울에 두고 출퇴근을 하면서 살짝 감추었다. 그렇지만 나로서는 아들 딸 구별 말고 둘만 낳아 잘 기르자 우리가 먹고 살기도 어려운 가난한 살림살이에 아이들을 주렁주렁 달아서 어찌하겠습니까. 외치며 가족계획에 앞장섰다. 동별로 보건소 가족계획 요원들을 다 동원하여 가임 여성들에게 임신 방지를 위하여 아이들 많이 낳으면 빨리 늙고 몸이 쇠약해진다고 무통 복강경 시술에 많이 참여하게 했었다. 동 예비군 교육장에서 가족계획을 잘해서 가정이 부유해지면 나라도 잘 사는 부강한 나라가 된다고 역설을 하였다. 청장년들을 설득하여 정관을 절제하면 정충 생산부가 폐쇄되어 남성호르몬이 많이 생산되니 정력이 더 왕성하게 된다는 감언이설로 남성 정관 절제 수술을 독려했었다. 그렇게 하므로 정관

절제 시술을 K도에서 가장 많은 성과를 거두어서 복지부장관의 표창도 받았다. 그때 가족계획 동참자들에게 얄팍한 봉투와 여비, 그리고 갈비탕 한 그릇이 고작이었다. 지금 생각해 보면 국가가 가족계획을 너무 강력하게 한 것 같다. 나도 동참자였다는 생각에 마음이 무겁다.

인섭이 아버지가 가족계획은 잘하는 것 같다. 또 출산장려금을 받겠지라는 생각을 했다. 가족계획은 정부 주도보다는 자녀를 양육할 수 있는 능력에 따라 자율적인 면도 고려할 수 있겠다.

인구감축에 성공한 이후 국가경제는 성장했지만 다시 아이들 양육비, 교육비, 주택문제 등으로 인해 이제는 저출산이 문제가 되고 있다. 노령인구의 가속화로 노동인구의 감소가 우려스럽다. 국가가 적극적으로 대책을 시행해야 한다. 가족사랑의 날 등 아빠의 육아참여와 여러 가지 출산 장려의 혜택을 주고 결혼에 대한 긍정적인 인식확산에 많은 도움을 주는 일자리를 마련하면 결혼은 증가하고 노동문제도 해결될 것이지만 여건이 모두 어렵다. 지속적으로 임신 출산비 지원이 늘어가고 있으나 더 다각적인 지원책이 마련되어야 할 것 같다.

죽마고우

 자전거를 타려고 보니 타이어에 바람이 푹 빠져 있어 자전거포에 갔다. 학생들이 자전거에 기름을 치고 타이어에 바람을 넣고 체인을 조절하면서 즐거운 대화를 나누며 떠들썩했다. 학생들을 보니 동수에게 들은 이야기가 생각났다.
 동수가 젊은 날 역전파출소 차석으로 근무할 때 지방검찰청 3호 검사실에서 파출소장을 호출했는데 마침 소장이 외근 중이라 차석인 동수가 대신 가게 되었다. 얼마 전 동기생인 영길이가 검사로 부임했다는 소식을 듣고 축하를 했어야 했는데 그에 대한 열등감으로 마음에 갈등이 생겨서 차일피일 미루었다. 그날은 가는 길에 만나보려고 정복을 벗고 사복차림으로 갔다.
 검찰청 현관 안내판에 〈제3호 검사 이영길〉이라고 뚜렷하게 보여 마음이 야릇했다. 고향 친구라며 직원의 안내를 받아 검사실 문을 열고 들어서니 마주치는 영길이의 눈빛은 불꽃이 튀는 듯 번쩍이며 벌떡 일어나 "야! 이게 누구냐? 동수 아니냐? 이 웬수야!" 순간 동수는 고교 졸업식날 크게 싸웠고 결별을 선언했던 일이 번개처럼 머리를 스쳐갔다. 세월이 지나 영길이는 검사가 되고 자신은 순경이라는 직위의 격차를 느껴 "제가 역전파출소 차석 장동수입니다." 거수경례를 하니 "귀관은 근무 중에 사복으로 거수경례까지… 경찰 기강이 엉망이야, 그리고 그 소년 절도범은 경범죄인데 꼭 소년 교도소에 보내야 속이 시원하겠나? 법보다 사랑이 먼저인데." 하고 큰소리를 쳤다.

"그것은 제가 아니고 소장님이 그랬습니다." 찬 서리가 내린 듯 썰렁한 분위기인데 서기가 들어왔고 차 배달 온 아가씨도 놀란 눈으로 서 있었다. 영길이가 갑자기 "하! 하! 하! 오랜만에 만났는데 큰 소리쳐서 미안하다. 동수야 앉아라. 차 마시며 이야기하자. 너를 이렇게 만날 줄 몰랐다."

"친구야, 늦게 찾아와 미안하다. 어릴 때 한동네 살면서 잘 놀았는데 커가면서 많이 싸웠었지. 통학할 때 내 자전거에 펑크가 나거나 고장이 나면 빼앗아 타고 달아났고, 고장 난 자전거를 끌고 가는 모습이 재미있었다. 그리고 시험 때만 되면 너의 노트를 강제로 가져갔지. 참 많이 괴롭혔다. 미안해."

"동수야 그만해라. 너와 나는 죽마고우야. 과거사는 다 접어두자. 그리고 우리 검찰과 경찰은 싸우지 말자."

영길이가 손을 쑥 내밀어 동수가 힘 있게 잡아 우정은 화해의 단막극으로 회복되었다.
 내가 타이어에 바람을 넣을 때 학생들이 하나 둘 헤어져 갔다. 요사이 학교폭력이 심각한 이때에 저들 간에는 어떤 사연이 없을까? 오랜 세월이 지난 지금도 두 친구가 재미있게 노년을 보낸다는 소식을 들었다. 나는 나의 죽마고우인 만수를 생각하며 야생화가 만발한 강변길을 신나게 달렸다.

저무는 가을 새재 나들이

 지난 밤 가을비가 제법 많이 내렸다. 자다가도 몇 번이나 창밖을 내다보며 소풍가는 아이의 마음처럼 설레이며 잠을 설쳤다. 오전만 진료한다고 환자대기실에 안내문을 붙였지만 마음 한구석에는 다소 부담스럽다. 내가 집을 비우면 불안해하는 환자들이 있기 때문이다.
 오전 진료시간이 끝날 때쯤 총무에게서 전화가 걸려 와 점심도 먹는 둥 마는 둥 하고 달려갔다. 버스엔 회원들이 가득 차 있었다. 회장님이 온다고 박수를 치면서 떠들썩했다. 파란 하늘은 차츰 열려가고 비에 씻긴 산야는 가을 풍치를 완연하게 드러냈다. 황금 들녘에는 추수가 분주하고 성급히 옷을 벗은 감나무에는 익은 감들이 주렁주렁 달려있다. 살짝 스치는 바람에도 우르르 떨어질 것만 같다. 하늘로 솟아오를 듯 이글이글 타는 단풍 산의 조화는 가을날의 절경이었다.
 정년이 없는 직업이요, 인술이라는 특성 때문에 자신만을 위한 휴

식도 마음대로 할 수 없다. 그렇다보니 계절변화에도 민감치 못해 만추 풍경이 남다르고 세월의 흐름이 아쉽다. 회원 대부분이 시에서 교통수당을 지급 받고 독감주사를 우선적으로 맞는 연령들이지만 당당한 체격들이다. 충주시 상모면에 자리한 이화 고사리 수련관 맞은편에 하차하고 각자 배낭을 메고 문경새재관문을 향했다.

누가 먼저 시작했는지 김옥길 여사에 대해 이야기를 시작했다. 그는 한국여성으로써 일찍이 미국 유학을 마치고 이화여대 총장으로 여성교육에 공헌한 바 크고 문교부장관을 지낸 여걸이지만 노년은 이곳에서 여생을 보냈다. 그의 남동생 김동길 씨는 전 연세대 부총장으로 역임하였고 명강의로 수강생이 구름 떼 같이 몰렸다. 지적인 유머로 관중을 울고 웃겼던 멋진 신사라는 이야기로 행보는 계속 이어졌다.

우리들은 하행을 하는데 전국 각처에서 몰려온 관광객들은 그룹 그룹 끝없는 행렬이 이어진다. 다 초면들이지만 단풍향취에 취한 동심들이라 서로 반기며 미소짓고 손을 흔들어 환송하는 분위기가 좋았다.

충주시 휴양림 곁에 자리한 가건물에는 주막이 있고 넓은 뜰이 있다. 옥수수와 커피, 동동주를 마시며 휴식을 취하려는 사람들로 만원이다. 평소에 술을 안 마시던 일행 중 한 사람이 분위기에 유혹되었는지 동동주 한 잔을 마셨다. 곧 얼굴이 홍당무가 되어 콧노래를 부르며 앞질러 갔다. 몇 사람씩 짝지은 회원들의 눈은 경치를 바라보며 이야기는 끝도 없이 이어졌다.

제3관문인 조령관(조선 숙종 34년 건립)에는 향나무로 둘러싸인 약수터가 있다. 모두 줄을 서서 약수 한 잔으로 땀을 식혔다. 하늘을 찌를 듯 쭉쭉 뻗은 전나무와 낙엽송, 운집한 도토리나무 숲으로 몰려온 다람쥐 가족의 분주함도 재미있다. 상록수의 대표 격인 노송들은 계절에 상관없이 청청하게 서 있다. 문경새재의 명물인 박달나무의 군락지는 옛말이 되었는지… 멀찍멀찍 몇 그루씩 생존을 이어가고 초목마다 형형색색의 아름다움을 자랑한다. 내가 시인이라면 시를 써서 화가라면 그림을 그려서 아름답게 묘사할 것 같다.

고 박정희 대통령 때부터 모든 차량의 출입을 통제해 오염 없이 자연 생태계가 그대로 보존된 곳이며 포장되지 않은 행로는 몇 년 전부터 맨발로 걷기대회가 연중행사로 열린다. 좌우로 흐르는 계곡의 물소리며 이곳 일원에 서식하는 새들의 지저귐은 숲속의 합창단이다. 큰 계곡에서 흘러나와 잠시 머무는 곳마다 명경지수요, 떨어진 낙엽들은 쪽배 되어 떠내려간다.

제2관문 조곡관(조선 선조27년 건립)을 지나니 청운의 꿈을 품고 한양으로 향하던 선비들의 소로가 나타난다. 우리 일행 중에 장원급제하여 금의환향한 선비의 기분은 어떠했을까? 가 씨가 "장원급제한 어사가 나가신다." 큰소리치며 앞서가니 나 씨 왈 "자네는 낙방한 선비가 낙향하는 것 같네. 어깨 처진 것 보니." 등 촌극도 벌어졌다. 길 옆에 세워진 문경새재 민요비 노랫말을 모두들 읽고 있는데 평소 신명이 많아 즉흥적으로 노래를 선창하였더니 지나던 행인도 어깨춤을 둥실둥실하며 합창을 한다. 금새 아리랑축제 마당이 되고 지나가는 사람들마다 아리랑 아리랑~ 남녀노소 구분 없이 어울렸다가 헤어진다.

새재 길을 하행하다보면 원추형 자연석에 "산불됴심"이라고 한글로 음각되어 있다. 통행인들에게 산화에 대한 경각심을 일깨웠던 자연보호의 표석이었다. 험산 준령 길, 허기진 행인들이 주모의 손길에 갈증과 허기를 면했던 그 주막마루에 걸터앉아 우리 일행도 준비해 온 간식을 나누어 먹었다.

고려시대부터 공·사 여행자의 숙소였던 조령원터엔 출토된 기와 토기, 자기 등 역사적인 유물이 있다. 신구 관찰사가 관인을 인수인계하던 교구정 앞에선 많은 포졸들을 거느린 경상감사의 위상도 연상해 보았다. 요사이 인파가 많이 모이는 태조 왕건 촬영장에 들러 드라마 왕건의 이야기로 이어졌다.

좌측 골로 여궁폭포와 공민왕이 홍건적의 난 때 피신했던 해국사는 시간관계상 포기하고 근대사에 이곳 현감들의 선정비를 보고 또 경북도읍 500년 역사적 타임캡슐(2096년도, 현재 우리 생활상의 모든 자료를 후손들에게 알려줌)을 거쳐 임진왜란 시 신립 장군이 싸

저무는 가을 새재 나들이 127

움 한 번 못하고 비워 주었던 슬픈 역사의 제1관문인 주흘관(조선 숙종 34년 건립)을 나오니 단풍나들이의 종점에 32명의 회원들이 낙오자 없이 도착했다. 회원들의 건강상태가 양호하여 모두 장수할 것 같다고 의사인 내가 말하니 모두 와! 하면서 박수를 쳤다.

오랜만에 부부동반으로 한가롭게 자연 속을 거닐며 대화를 나누는 흐뭇한 시간을 보냈다. 가끔 이곳에 오면 계절에 따라 아름답게 변모하는 새재의 절경을 감탄하게 된다. 태초의 에덴은 얼마나 아름다웠을까!

시장한 회원들 보신한다고 오리탕으로 대접하였고 탄산 보양 옥천인 문경종합온천물에 몸을 담갔다. 발끝부터 피로가 풀리고 눈을 드니 욕탕 천장에 아름답게 수놓인 장관들이 아련하다. 몸은 늙어도 마음은 청춘이라고 놀아나던 동료들의 모습도 우스꽝스럽다. 옆에서 함께 씻고 있던 동료가 갑자기 씁쓸한 표정으로 한숨을 쉬었다. '회장! 나는 바람에 쓸려 가는 낙엽만 봐도 서글픈 마음이 들었네. 가을을 맞은 우리도 멀지않아 하나, 둘, 낙엽처럼 떨어져 흙으로 돌아가겠지!' 그에게 '사람의 죽음은 슬픔만이 아닐세. 육체는 썩어 원래 흙으로 돌아가겠지만 영혼은 영생의 시작일세' 믿음의 차이겠지만 난 그렇게 말했다.

4부
거기서 만나요

거기서 만나요

　간호사의 안내로 은빛 머리와 인생의 희로애락이 각인된 얼굴의 노파가 들어 왔다. "이리 앉으세요." 하고 바라보니 오랜만에 오신 태경 형의 부인이라는 것을 알 수 있었다. 태경 형은 이목구비가 뚜렷하고 체격이 건장하며 늘씬한 키에 멋진 신사인데, 6·25전쟁 때 그 치열한 다부동 전투에서 괴뢰군의 총탄이 좌측 고관절을 관통했다. 형은 상이용사로 무공훈장을 받았지만 절룩거리며 걸을 때는 우울한 표정이었다. 태경 형은 이곳에 광산이 한창 개발될 시기에 우리 형과 알게 되었다. 태경 형이 여러 번 탄광 굴진에 실패하여 부도 위기에 놓였을 때였다. 우리 형이 태경 형의 근면성실하고 사람됨을 좋게 여겨 도와줌으로 태봉광산 굴진에서 노다지 탄전으로 거부가 된 것이다. 그래서 형과는 형제처럼 친하게 되었다.
　나는 초췌한 아주머니의 손을 덥석 잡으니 앙상한 손에 연민의 정이 느껴져 눈물이 났다. 아주머니의 눈에도 눈물이 흘러 내렸다.

"오랜 동안 잊고 찾아뵙지 못해서 죄송해요." "몸이 많이 안 좋아 보이네요." 혈압을 재고 나니 "아픈 곳이 한두 군데야 말이지. 허리도 아프고 다리도 아프고 눈도 침침하고 관절염까지 있으니…. 여기 오면 영감 생각이 날까 봐 오지 못했어요. 오늘 온 것은 내일 아들이 나를 데리러 온다고 해서 아제 얼굴도 보고 이야기도 하고 싶어서 왔다오. 사실은 내일 영호애비가 와서 함께 대구로 같이 가자고 해요. 여생을 아들과 손자들과 함께 살다가 영감 만나러 가야지요."

나는 마음이 서글퍼지면서 30년 전 일이 생각났다. 그날 "사람 살려 주세요." 하는 다급한 목소리가 들려와 놀라서 나가보니 큰 아들 동봉이의 등에 업혀서 온 환자는 우리 형님과 절친한 태경이 형이었다. 신음 소리를 내는 형의 얼굴은 백짓장처럼 창백하고 숨을 헐떡이며 "어지러워, 어지러워." 하는 것이었다. 우선 산소 공급을 하고 혈압을 측정하니 위험한 수치로 떨어져 가는 긴박한 상황이라 온 직원이 응급처치에 동조했다.

산소량을 조절하고, 수액정맥주사, 강심제, 혈압상승주사제 등을 급속히 주입하였다. 긴장감으로 환자 상태를 주시하며 피가 질편한 바지를 벗겨 보니 출혈부위는 항문이었다. 항문에서 흘러나오는 피를 막는데 애를 쓰고 있는데 우리 형님이 뛰어 들어와 "태경아, 태경아, 정신 차려!" 하며 소리를 지른다. 아주머니의 통곡 소리에 처치실은 매우 소란스러웠고 내 마음은 몹시 초조해졌다. 그런 중에도 다행히 지혈이 되면서 혈압이 상승됨을 확인한 후 동봉이가 비상등을 켜고 백여 리나 되는 안동 성소병원으로 이송하였다. 크락숀을 울리며 달려가는 동안 나는 환자의 눈에 동공반사를 살펴보는데 우리 형과 아주머니는 "정신 차려, 정신 차려!"를 계속 중얼거린다. 환자가 다소 진정되어 가는 듯하여 나는 기도를 시작했다. "하나님 믿사오니 살려주세요." 간절히 눈물을 흘리며 기도하는 동안에 응급실에 도착했다.

응급실장의 지시로 혈액이 여러 병 수혈되는 동안 환자 곁에 앉아서 "하나님이 살려 주실 것을 믿고 절대로 포기하지 마세요, 하나님을 믿으세요."를 계속했다. 얼마쯤 지나 환자는 '휴' 하면서 눈을 뜨고 주위를 살폈다. 우리 형이 "이제 살았구나!" 하고 기쁜 듯 눈시울을 붉히면서 손을 잡았다. 아주머니는 너무 기뻐서 털썩 주저앉았다.

일주일이 지나서 직장암이 출혈의 원인이고, 직장암에 대한 처치는 불가능하다는 소견서를 가지고 태경 형은 퇴원했다. 며칠 후 왕진을 갔더니 아주머니가 반갑게 맞으며 영감이 하루에 담배 3갑을 피워왔는데 요사이는 세 개피만 피운다고 웃으면서 말을 했다. 아랫목에 누워있는 태경 형은 빙그레 미소를 지으며 여유 있는 표정으로 "원장 덕분에 내가 살았네, 고마워." 그리고는 "원장 하나 물어 보세! 안동 갈 때 내 귀에 '하나님' 하는 원장의 목소리가 몇 번 들렸

거기서 만나요

는데 하늘에서 하얀 줄이 자꾸 내 입속으로 들어오면서 내 가슴이 시원해 눈을 뜰 수가 있었어. 나하고 안사람은 불신자인데 하나님이 흰줄을 내 입에 넣어 준 것 같은데 하나님을 믿을 수도 없고 마음에 갈등이 생기네. 어떻게 하지?'

"하나님이 살려주셨으니까, 하나님을 믿어야 합니다."

나는 왕진을 가면 혈압을 측정하고 진통제, 쾌변을 위해 변비약을 투여하는 정도의 대체 요법 밖에 할 수가 없었다. 날이 가면서 본인도 서로 말은 하지 않았지만 하복부에 종양이 커지는 것을 알고 있는 듯, "하나님이 언제 데려가실까?" 하며 서글픈 표정으로 말하곤 했다. 그 집 가까운 곳에 있는 점촌성결교회 ○○장로님과 김 목사님을 연결해 드렸더니 성경말씀으로 하늘나라에 소망을 갖게 됐고, 병상 세례도 받아 죽음의 공포에서 해방되었다고 하는 말을 병문안 갔을 때 들었다. 그리고 부인의 부축을 받으며 교회 출석하여 여러 번 예배를 드렸으며 신앙고백을 하였다고 한다.

그 후 우리 형님으로부터 속히 태경이 집에 오라는 전화를 받았다. 벌써 충현교회 김 목사님과 장로님, 형님, 그의 가족이 나를 기다리고 있었다. 환자는 손을 들어 가냘픈 목소리로 "저 문 앞에 흰옷을 입은 천사 두 분이 아침부터 기다리고 계시네."라고 하는 것이었다. 아주머니 눈에는 보이지 않지만, 몸을 깨끗이 씻기고 흰옷을 입혀 달라고 재촉을 해서 그리 해드렸다고 한다.

김 목사님은 엄숙하게 김태경 성도의 천국 가는 예배를 드리기 시작했다. "예수 그리스도를 구주로 믿는 사람은 누구나 갈 수 있습니다." 부인은 눈인사를 하는 남편의 손을 잡고 흐느껴 울며 "거기서 만나요, 거기서 만나요."라고 작별인사를 하였다.

  '하늘 가는 밝은 길이 내 앞에 있으니…' 찬송을 부르는 동안, 회갑을 며칠 앞둔 태경 형은 파란만장한 생애를 뒤로하고 밝고 편한 모습으로 우리들의 곁을 영원히 떠났다.

20년 만의 화해

　부부가 손을 맞잡았다. 손등에는 하염없이 눈물이 흘러내렸다. 남편 박 씨는 "여보 내가 너무 잘못 했소." 부인 강 씨도 내가 속이 좁아서 그때 당시는 지나치게 오해를 했다고 했다. 그 당시 순간적인 오해가 20년의 아까운 세월을 보내고 이제 찾아왔다고 하자 박 씨는 "아니요 용서를 받을 사람은 나요."
　위의 내용은 몇 년 전에 20년 만에 재회한 친구 부부의 대화이다. 순간적으로 부둥켜안고 우는 모습을 볼 때에 나와 참여한 사람들의 눈시울이 뜨거웠다. 두 부부가 확실히 서로 용서하는 모습이었다. 이 부부는 서로 초등학교 동기인데 이발소 안에서 이발사로 면도사로 만나 결혼을 하였다. 함께 이발소를 경영하면서 삼남이녀의 자녀를 두었다. 지방의 의용소방대인 친구는 맥주집에서 대원들과 함께 회식을 하다가 술 취한 중년 남자의 행패에 시달리는 여주인을 동정하여 도와주었다. 그러자 좁은 지역이라 그 맥주집 주인과 친구가 깊은 정을 나눈다는 근거 없는 소문이 읍내에 퍼졌다. 소문을 들은 친구 부인은 사실을 확인하려고 그 집을 찾아갔다. 맥주집 여주인은 혼자 사는 나를 동정하여 술 취한 손님의 행패를 말려 준 사실밖에 없다고 했다.

그러나 강 씨는 의심을 풀지 못하고 고민을 하다가 미국에 있는 언니와 장거리 통화를 했다. 그 후 언니가 경영하는 세탁소를 도와주기로 하고 남편과 상의도 없이 LA로 떠나 버렸다. 그후 20년간 둘은 대화가 단절된 채 세월이 흘렀다.

친구는 여전히 맥주집 여주인을 도와주면서 가까이 지내게 되었다. 그러다가 여주인 아들의 교육과정을 돌봐주는 후원자로 가족관계가 자연히 이루어졌다. 여주인의 아들이 삼사관학교에 입학하고 졸업하여 소위 계급장을 달 때에 아버지와 같은 위치로 참여하기까지 하였다.

세월이 흘러 친구는 지병인 고혈압과 당뇨 합병증을 얻어 나의 치료를 받았었다. 하지만 결국 당요 합병증인 망막질환으로 시력장애가 심하여 출입을 할 수 없었고, 대학병원에 입원과 퇴원을 거듭하면서 반신불수가 되었다. 다행히 그 여인이 친구를 집으로 모셔서 병간호를 극진히 해 주었다. 내가 결혼 주례를 했던 친구의 큰 아들인 영식이는 그 사정을 알고 인편을 통해서 미국에 있는 어머니에게 소식을 전했다. 아버지가 병고로 인하여 세상에 생존할 시한이 얼마

20년 만의 화해

남지 않았다는 것도 알렸다. 그리고 어머니가 과거의 일들을 다 용서하고 아버지의 남은 인생을 돌봐주면 좋겠다는 하소연을 하였던 것이다.

부인 강 씨는 한국으로 돌아오게 되었고 미국에서 하던 신앙생활을 이어 우리 교회에 출석하게 되었다. 교회 장로인 나는 병든 친구의 마지막 생존 기간의 안정을 위해서 강 씨와 합의하여 목사님께 이러한 사연을 알렸다. 그리고 친구가 회심하여 하나님의 품으로 돌아올 수 있는 기회를 주었으면 좋겠다는 말씀을 드렸다. 목사님은 부교역자에게 지시하여 기독교 구원의 진리를 교육하게 하였다. 친구는 여러 차례 교육을 통하여 예수 그리스도를 구주로 믿고 회개하면 영생 복락을 누릴 수 있다는 확신을 얻었고 병상에서 세례를 받았다.

그 후부터는 부인 강 씨가 환자의 간호를 전적으로 맡았다. 인생 말년에 사랑으로 화해가 이루어졌던 것이다. 또한 구원의 확신이 있다고 생각되어 임종 후 교회에서 장례를 치렀다. 그동안 20년간 돌봐준 맥주집 주인과 부인 강 씨는 형님 동생으로 인연을 맺었다.

잠깐의 오해로 인해 이렇듯 20년이란 허송세월을 보내게 된 사실은 내가 바라보기에도 너무나 슬픈 일이었다.

까맣게 잊었는데

"여보세요!" 아내의 음성이 핸드폰에서 흘러나왔다.

"날씨가 추운데 어디 계세요? 집에 손님이 오셨어요."

누구냐고 묻자 창원이 아버지와 신혼부부도 함께 왔다는 것이다. 의사회 회원들이 궐기대회에 가는데 격려차 역전에 와 있어 버스 출발하면 곧 갈테니 따뜻한 차를 대접하고 잠시만 기다리라고 했다.

전세버스에는 '실패한 의약분업 바로잡자'라고 쓰인 현수막이 부착되어 있었다. 방한복 차림을 한 회원들이 탑승한 차는 약속시간보다 지연되어 출발했다.

전에는 나도 장충체육관, 여의도 문화공원 등 몇 차례 그들과 함께 참여한 적이 있었는데, 어느덧 원로회원이 된 죄(?)로 이번에는 모임에서 제외된 것이다. 원로회원을 우대하는 그들의 고마운 마음씨를 모르는 바 아니지만, 내 마음만은 그들과 함께 이미 버스에 올라타 있었다. 의약 분업 정책은 DJ 정부의 정책 가운데 가장 실패한 정책임이 분명하다. 의료인과 국민 모두가 만족할 수 있는 의료 환경이 만들어지면 얼마나 좋을까. 집으로 돌아서려는 순간, 이 차가운 날씨에 전국에서 몰려온 의사회원들이 과천 종합청사 광장을 가득 메우고 함성을 외치는 장면이 뇌리에 떠오른다. 그리고 갑자기 서글퍼졌다.

거실에 들어서자, 노신사와 전통 한복으로 곱게 차려입은 젊은 부부가 벌떡 일어나며 나를 반겼다.

"원장님, 오랜만에 뵙겠습니다. 예전 모습 그대로이시네요. 세월이 지나도 선생님의 은혜는 잊지 않고 있습니다. 우리 창원이가 1980년 9월 15일에 뇌막염으로 죽을 줄 알았는데 원장님 덕분에 살아나 이렇게 건강하게 성장했습니다. 얘가 ○○대 □대학원 미술과를 졸업하고 지금은 대구에서 미술학원을 경영하고 있습니다. 며칠 전에 결혼식을 올리고 생명의 은인이신 원장님께 큰절을 하러 왔습니다."

그러더니 정말로 큰절을 하려고 일어섰다. 그냥 앉으라고 애써 만류해 보았지만 막무가내다. 결국 집사람과 함께 큰절을 받고야 말았다. 너무나 기뻐서 좀 전에 추위에 움츠려졌던 몸이 확 풀어지는 듯했다. 서글펐던 마음도 사라졌다.

오랫동안 환자를 진료하다 보면 굳이 명의가 아니더라도 종종 감사의 인사를 받기 마련이다. 하지만 이렇게 정중하게 인사를 받기는 처음이다. 뿐만 아니라 청색, 홍색보자기에 싼 이바지 음식까지 가져와 펴놓고 정종까지 따라가면서 상객 모시듯 권하는 게 아닌가.

솔직히 말해 처음에는 기억이 잘 나질 않았다. 그래서 "까맣게 잊었던 일인데 찾아주셔서 감사하다."고 말했더니, 노신사는 "은혜를 베푼 사람은 잊어도 은혜를 입은 사람은 평생 잊을 수가 없습니다. 늘 마음에 애가 결혼하면 아들 내외를 데리고 원장님께 인사를 드려야겠다고 생각했습니다. 이제 20여 년 동안 진 빚을 갚는 듯 마음이 후련합니다."라고 답한다.

진미의 음식을 먹으면서 찬찬히 보니, 신랑 신부 모두 상당한 미남, 미녀로서 교양미가 넘치고 누가 보아도 부러워할 한 쌍의 원앙 같았다. 젊은 내외에게 덕담을 해달라는 부탁에, '미술의 진수를 맛볼 수 있게 학생들을 지도하며, 입시 교육은 물론 전인교육까지도 생각하는 성실한 선생님이 되어 주길, 그래서 제자들 중에 훌륭한 미술가가 많이 배출되길 기원하노라' 는 말로 격려를 대신했다. 시종일관 화기애애한 대화의 분위기가 좋았다. 무엇보다도 아들 내외에게 철저하게 예를 실천케 한 노신사가 존경스럽다. 그런 가통이 이어질 것을 생각하니 정말 흐뭇했다.

이들을 환송하고 나서 곰곰이 20여 년 전을 회상해 보았다. 그러자 잊혀진 기억들이 막 찍은 천연색 필름처럼 선명하게 떠오르기 시작했다.

그때는 밤낮으로 환자를 진료할 때였다. 그날도 밤 9시경 아들을 살려달라는 다급한 전화를 받았다. 환자가 도착했다. 보호자의 이야기가 "애가 놀라서 경기하는 줄 알고 침을 맞았는데도 경기가 심하여지며 ○○의원에 갔더니 위험하니 큰 병원에 가라고 하였는데 애들 사촌이 작년에 여기서 효험을 보았기에 왔으니 고쳐주십시오. 원장님." 하며 사정을 한다. "하루에도 몇 번씩이나 애의 눈알이 뒤로 넘어가고 목이 뻣뻣해지고, 몸이 불덩어리니 어찌하면 좋겠습니까?" 애 어머니는 현관에서 통곡을 하고 아버지는 애를 안고서 어쩔 줄 몰라 했다.

그때만 해도 경기를 하면 무작정 침부터 맞고 보는 시절이었다. 무지의 소치라 불쌍한 생각이 들고 동정심이 갔다. 진찰을 해보니 뇌막염으로 짐작되었다.

나로서는 감당키 어렵다고 판단했다. 급한 상황이라 내 승용차에 환자를 태우고 비상등을 켠 채 경적을 울리며 안전속도도 무시해가면서 가까운 안동○○병원으로 후송하였다. 아이의 상태는 더 악화되어 구토와 설사를 해대니 차안은 온통 악취로 숨이 막힐 것 같았다. 동작이 빠른 우리 운전기사가 자기 아들인양 애를 안고 응급실로 달려 들어갔다. 다행히도 응급실 실장이 신경외과 과장이어서 다소 안심이 되었다.

경련을 일으키는 아이의 척추액 검사를 해보니 뇌막염으로 사료

된다고 하였다. 응급실장이 보호자에게 환자의 예후를 자상히 설명하였다. 치료가 잘되면 완치될 수 있지만, 혹시 뇌기능 장애로 신체 어느 곳이든 지체장애, 지능저하 심지어 사망에까지 이를 수 있다고 했다. 아이 아버지는 창백해진 얼굴로 뭔가를 각오한 듯이 입을 열었다.

"객지에서 아이를 죽일 수는 없습니다. 고향 가까운 점촌으로 가서 죽든지 살든지 원장님께 맡기겠습니다."

나로서는 큰 부담이 되어 안동에서 치료하는 것이 좋겠다고 하였지만 워낙 뜻이 굳은지라, 신경외과 과장님의 도움을 받아 치료해보기로 하고 점촌으로 다시 돌아왔다. 벌써 먼동이 트기 시작했다.

나는 아이 치료를 위해 밤낮 병실을 드나들며 정성을 쏟았다. 혹시 아들을 잃게 되면 어쩌나 하는 아버지의 심정으로 최선을 다하였고 결과는 하나님께 맡겼다. 그리고 천만다행으로 아이는 완전히 회복되었다. 퇴원할 때 보호자가 감사의 눈물을 흘리며 떠나는 모습이 생생하게 떠오른다. 정말 까맣게 잊었던 옛날 일이다.

그러나 오늘날은 어떠한가. 현재는 의료의 주체인 의사들의 자율권을 무시한 의료제도 탓에 생명의 존엄성을 중시하고 환자를 진료하기가 오히려 더 힘들어지지는 않았는가? 그러니 의료 환경의 열악함을 극복하기 위해 의사들이 진료실을 떠나 여의도와 과천을 헤매며 다니게 된 것이 아닌가? 현재 진행되는 의약분업은 의료의 질이 떨어지고 의학발전을 저해할 뿐만 아니라 의사의 전문적인 진료행위 자체를 본격적으로 통제 받게 될 것이라는 우려를 떨쳐버릴 수가 없다. 의사는 오직 최고의 의학지식과 경험을 총동원하여 환자진료에 임하여야 환자에게 신뢰받고, 치료 결과에 만족할 것인데…

의사들이 집단행동을 하지만 지성인답게 품위를 잃지 말 것이며 가급적 신음하는 우리 형제자매의 곁을 떠나지 말아야 할 것이다. 그리고 열악한 환경이 복지 의료 환경으로 이루어지도록 선한 싸움을 하고 진료에는 최선을 다하므로 존경받는 의사들이 되어야 하겠다.

요즘 대부분의 사람들은 의사 생활이 환자에게 청진기나 갖다 대고 진찰하면서 볼펜이나 굴리는 쉬운 직업이고 그러면서도 떼돈을 버는 것으로 생각한다. 그런가 하면 생명을 소생시켜 줘도 진료비를 주었으니 의사의 할 일을 하는 것이 당연하다고만 여기는 사람들이 많은 것 같다. 하지만 우리 의사들은 환자가 생명의 위기에 처했을 때 그것을 내 생명을 잃는 순간과도 같이 여기며, 또 그렇게 여겨야만 한다. 세상이 뭐라 하든 묵묵히 의사로서의 소임을 다할 때, 어느 날엔 가는 까맣게 잊었던 환자들이 우리에게 감사하다며 존경을 표할 날이 다시 찾아올 것이다. 적어도 나는 그렇게 믿는다. 히포크라테스 선서문에 더욱 충실하여 명의보다는 양의로서 내 환자들에게 기억되기만 바랄 뿐이다. 그것이 까맣게 잊었던 노신사와 그 아들이 내게 준 깨달음이다.

나의 군생활의 단면

　이웃 청년이 해병대 복장에 이등병 계급장을 달고 100일 휴가로 인사차 왔다. 전방에 복무를 하고 있다고 하는데 검은 얼굴에 눈빛이 빛났다.
　나는 군에 갈 때 한증막 같은 삼등 열차로 밤 세워 논산 훈련소에 도착했다. 새벽 2시경이라 하는데 훈련소 모기는 훈련이 잘 되어 있는지 온몸을 공격했다. 나는 모기에 시달려 눈을 뜬 채로 아침을 맞았다. 신체검사장에서 군의관들을 바라보는 순간에 갑자기 가계가 기울어 학업을 중단하고 수개월 동안 좌절감과 낙망으로 인하여 중심을 잃고 방황하는 일이 되살아났었다. 머리를 깎을 때는 젊음의 욕망을 모두 포기한다는 각오를 했음에도 걷잡을 수 없이 눈물이 흘러내렸다. 이발사는 머리를 다 잘랐는데 너는 왜 눈물을 흘리느냐고 호통을 치지만 변명을 하지 못했다. 삭발이란 종교적인 의미에서는 수도하는데 전념을 하기 위한 것이라고 한다. 하루 이틀 지나면서 삭발의 뜻을 알게 되니 훈련소 수료할 때는 완전한 군인 정신으로 무장이 되었었다.

팔월 초순이라 콘셋드 막사(양철지붕)는 밤까지도 찜질방을 방불케 하며 꽁보리밥과 된장국 혹은 콩나물국에 단무지, 김치 등이 식사였다.

국가경제와 국민생활이 어려운 때였고 힘겨운 훈련 때문에 배식 중에 늘 밥그릇이 행방을 감출 때도 많아 약빠르지 않으면 굶기도 했다. 식수 및 세탁, 목욕 등은 물 부족 때문에 어려웠다. 땀에 저린 군복은 호수라기보다 큰 웅덩이 물에 담가놓았다 짜서 말려 우중충한 것을 입었다. 그래도 재미있던 기억은 내 옆자리에 있는 훈련병은 한글을 몰라 내가 늘 이름표와 보름에 한 번씩 쓰는 군사우편을 대필해 주었다.

한번은 연대장이 일석점호를 하는데 지휘봉으로 지적하면서 귀관 관등성명! 자기 이름대로 "예! 훈병 이국현" 해야 하였지만 조교가 사전교육한 대로 "예! 훈병 홍길동"이라 답을 하여 온 내무반원들은 부동자세에서 박장대소하면서 자세가 흐트러졌다. 소대장과 기관 사병들은 얼굴이 창백해지고 몸 둘 바를 모르는데 이국현 훈련병은 모두가 웃는 이유를 모르는지 주위사람들과 같이 비적비적 웃고 서 있다. 조용해지자 연대장(대령)께서 "그러면 너희 연대장은 누구야?" 하니 손가락으로 연대장을 지목하며 "허허~ 지가 기면서…" 하고는 차렷 자세 후 거수경례를 했다. 연대장이 가슴을 치면서 "네 말이 맞다." 하고 기관사병을 불러 공민학교(한글반)로 보내졌다.

군의 학교의 교육은 총상환자의 응급처치요령 실습과 후송처리였다. 가상환자를 들것으로 산야를 오르내리는 것은 중노동같이 힘들었다. 그때만 해도 성차별이 심할 때라 간호장교 교육에 불응하다가 완전무장으로 장거리 구보도 가끔 했다.

12월 중순에 눈발이 휘날리던 날 방한모자를 귀까지 덮히게 눌러쓰고 방한솜바지를 입고 방한신까지 신었었다. 포장을 친 군용트럭 뒤 나무의자에 앉아 보충대에서 두 시간 반가량을 달렸다. 임진강 헌병검문소에서 검문을 거치고부터는 달려가는 도로 양측에는 철조망에 위험표시(대전차지뢰)가 있어 전방이란 확신이 왔다. 너무 추워 잔뜩 움츠렸더니 내릴 때에는 온몸이 동태같이 뻐걱거렸다. 임진강을 넘어 아름다운 설경 속에 자리한 ○○연대(초가, 토담)에 배속되었다. 이튿날 의무중대장(박이구 대위)의 면담 시 휴학 중이지만 초지일관 의사의 꿈을 가져야 한다고 고맙게도 진료실에 의대실습생처럼 근무하라고 해주었다. 연대장과 장병들과 군인가족 진료 시 늘 동행하여 즐겁게 봉직하였다.

부대 내에는 남성들만 우글거려 딱딱한 분위기지만 군인 가족들을 진료할 때는 부드러운 정감으로 맞아주어서 기뻤다. 휴전선이 지척이라 대남방송소리가 밤낮으로 끊이지 않아 최전방임을 느끼고 긴장된 나날을 보냈다. 하루는 일석점호 후 잠자리에 들었을 때 천지가 진동하는 폭발음이 들렸다. 모두 놀랐는데 전군 비상명령이 떨어져 완전무장으로 집합하여 전략·전술교육으로 밤을 지새우며 출동명령이 발령될까 긴장했는데 상황 끝이라는 통보가 왔다. 그때 폭음으로 인한 비상사태는 날이 밝자 지뢰밭에 죽어있는 야생노루가 발견됨으로 모두 싱겁게 웃고 말았다. 가끔 폭음소리를 들으면 눈밭에 갈기갈기 찢어져 죽은 야생노루의 비참한 현장과 까닭을 몰랐던 극한 공포의 밤이 악몽같이 떠오르곤 한다.

　우리 부대는 군목께서 장병들에게 자상하게 대하시고 개인상담도 하셨다. 장병들에게 늘 격려와 위로를 하셨다. 군목과 함께 전방초소를 순회하면서 성탄절 행사는 인상적이었다. 전방 생활은 여름에는 선풍기는 구경할 수 없었고 겨울에는 영하 20도 전후인데도 소대 내무반에는 연탄난로 하나였기 때문에 방한복을 입고서도 덜덜 떨면서 서로 안고 체온을 모아 밤을 지새웠다. 봄이 되면 동상환자들이 의무중대 치료실 앞에 줄지어 있었다.

　부대 식사는 정량과 부식은 누가 빼먹었는지 소 고깃국, 돼지 고깃국이 메뉴와는 다르게 돼지가 목욕을 했는지 기름기만 둥둥 떴다. 군 교육이 끝날 때와 보충대를 떠날 때마다 소원 수리에 응했지만 결과 반영과 개선되는 것은 본 적 없이 만기제대하였다. 그러나 사병들 중에 참 귀감이 된 민 병장(국회, 국방위원장의 아들)은 연대장의 격려와 특혜 권유도 거절하며 정기휴가 외에는 특박 한번 하지 않는 그 아버지의 아들다웠다. 그때는 군기가 엄해서 원리원칙 대로 하는 군생활을 젊은이들의 의무로 생각하고 극기하는 생활을 자랑스럽게 여겼다. 군의 장사병간에 불의사고로 온 국민에게 실망을 안겨줘서 마음이 서글플 때가 있다.

 수십 년이 지났지만 인분 핥기, 육체미 전시회, 토끼 뜀, 원산폭격, 주먹 쥐고 팔굽혀 펴기 등등… 이와 같은 악습이 지속되었다니 국군은 시설장비와 무기만 현대화되었나, 의심이 갔다. 한숨이 나온다. 우리 아들 면회 갔을 때 말없이 눈물을 흘리던 것은 내가 겪었던 일을 우리 아들도 겪고 있었다는 것이었다.

 사회생활에서 모임 때 군대 이야기를 할 때에는 고생스러웠던 일들은 다 잊었는지 즐거운 이야기로 끊일 줄 모른다. 혹자들은 허송세월 소모적인 생활이라고 말한다. 그러나 나는 집단생활에 대한 적응과 각종 훈련에서 극기, 인내, 충성심과 전우애와 책임감을 갖게 되었다. 또 초지일관의 꿈을 이루는데 유익한 세월이었다.

두껍아 어디 가니

　텔레비전을 켜자 2006년도 토리노 동계 올림픽 선수단을 환송하는 중계가 진행되고 있었다. 이를 보면서 만면에 미소를 짓고 대형 태극기를 휘두르는 단장 변탁 씨가 눈에 띠여 매우 반가웠다.
　'저 친구는 중학교 동기야!' 라고 아내에게 자랑했다. 쇼트랙 중계시간에는 기도하는 심정으로 화면에 시선을 집중하였다. 마치 현장 응원석의 한자리를 차지한 듯 열성적으로 응원전에 합류했다.
　우리 선수들이 뒤서다가 타국 선수들을 앞지를 때는 나도 모르게 함성을 질러댔다. 그리고 마치 나도 선수가 된 양 왼발을 쭉 뻗고 오른발은 힘을 주어 박차를 가하고 전신을 앞으로 쏟았다. 안현수 선수가 골인하는 순간 '금메달! 금메달!' 을 외치며 온 집이 떠날 듯이 소리를 질렀다. 우리 선수들이 태극기를 휘두르면서 경기장을 누빌 때는 '만세 만세'를 외쳤다. 선수들, 코치, 감독도 모두 훌륭하지만 나는 변탁 친구의 영광스러운 얼굴을 연상하였다. 금의환향하면 온

나라가 환영하겠지만 나는 나름대로 동기들을 총동원하여 큰 잔치라도 열어야겠다고 생각했다.

그러한 구상을 하고 있는데 갑자기 아내가 등을 치며 "응원은 잘하는데 동작은 두꺼비처럼 느리네요." 하고 깔깔 웃는다. 순간적으로 흠칫 놀라면서 두꺼비는 내 별명인데 아내가 알 리가 없었을 텐데 어떻게 된 일인가, 하고 의아했다. 두꺼비란 말을 듣자 어린 시절 기억이 떠올랐다. 사실 나는 가을 운동회 때마다 참가상을 받았던 기억밖에 없다. 매년 운동회 때 달리기는 8명 중 항상 8등이었다. 언젠가 앞서 가던 아이들이 주르르 넘어지면서 4등을 한 것이 최고의 성적이었다.

나는 그날도 운동장에 모인 많은 관중들 앞에서 꼴찌라 부끄러웠다. 운동회가 싫다는 생각이 더욱더 났다. 자책하며 갈등과 열등감으로 고개를 숙인 채 집으로 오는데 동네 아이들이 몰려왔.

"두껍아 어디 가니, 어디 가니. 느림보야 빨리 가라?" 하며 놀려댔다. 거세게 항거하니 신이 나는 듯 더욱 심하게 놀려 나는 분을 참지 못하여 울음을 터뜨렸다. 그들은 계속 두껍아 어디 가니? 느림보 빨리 가라면서 공원 쪽으로 몰려갔다. 지금도 그 장면이 눈에 선하다. 눈물로 범벅이 된 나는 냇가로 가서 얼굴을 씻었다. 발을 담그고 물속을 들여다보니 물고기들이 노는 것이 재미있었다. 물고기들을 잡으려고 했으나 어찌나 빠른지 허사였다. 그러나 마음은 어느새 상쾌해지고 있었다. 돌 사이에서 어슬렁거리고 나오는 가재가 눈에 띄었다. 가재라도 잡아보자는 생각이 들었다. 대여섯 마리나 되는 가재를 잡아서 강아지풀에 꿰어 기분 좋게 집으로 가고 있었다. 길가에 쇠파리 떼가 우글거리는 것이 보였다. 자세히 보니 그 속에 왕두꺼비가 공격 자세로 앉아 혀를 날름거리며 파리 사냥에 바빠 보였다. 피부가 황록색이고 등에는 크고 작은 검은 점이 박혀있어 징그럽게 보였다. 개구쟁이들이 나와 닮았다고 하는 것 때문에 미워서 발로 엉덩이를 건드렸다. 두꺼비는 즐거운 식사 중에 불청객이 주는 충격으로 인해 놀란 듯 보였다. 몸을 추스르고 돌출된 눈알을 번뜩이더니 엉금엉금 숲속으로 기어갔다.

"느림보는 느림보구나 나와 같이…" 그러나 미련한 것으로만 생각했는데 먹이 사냥에는 탁월함을 보인 것에 매우 놀랐다.

그날부터 나는 '두꺼비가 비록 느리지만 파리를 잽싸게 사냥하는 것은 천부적인 재능이다. 개구쟁이들이 나를 미련하게 보지만 그것은 내가 운동 신경이 둔하여 순발력이 부족한 것뿐이다. 저들 보다 못한 것이 무엇이며 나도 재능을 발휘하여 너희들을 앞설 날이 올 것이다.' 라며 마음을 고쳐먹었다. 게으름을 피우고 싶을 때마다 '경홍아! 두껍아 어디 가니?' 하던 말이 떠올랐다. 그들에게 당당한 모습을 보여 주기 위해 열심히 노력하면서 지금까지 살아왔다. 지금도 병원을 경영하며 직원들과 함께 환자 진료를 계속하고 있다. 지금 생각하면 '두껍아, 어디 가니, 느림보야 빨리 가라.' 는 나에게 좋은 채찍이었고 더욱 전진하기 위한 박차를 가하게 했다.

빙상경기 500m, 1000m, 3000m 결승전에서 실격을 당하는 자, 넘어진 자, 또 추격을 당하는 자 등 희비가 엇갈리는 것이 안타까웠다. 2관왕 3관왕 영광의 주인공들에게 국가적인 차원을 넘어 찬사를 보냈다. 남녀노소 관계없이 얼굴에 아름다운 분장과 형형색색의 유니폼과 각국 기를 휘두르며 펼쳐지는 응원전은 축제의 한마당이고 열광의 도가니였다. 경기현장을 중계하기에 열을 올리고 또 타국 선수들의 탁월한 기량에도 격찬하는 아나운서와 해설자의 성실함과 열정에도 감사했다. 경기장은 토리노를 넘어 세계의 축제장임을 확인케 했다. 화면에 각국 메달수와 순위가 일목요연하게 비추어질 때 마치 내가 승리라도 한 듯 격찬의 박수를 함성과 함께 보냈다.

동계올림픽 응원 이후, 지난 허물을 서슴지 않고 인생의 동반자요 항상 내 자존심을 세워 주는 아내에게 털어놓게 되었다. 그 후로 가끔 아내는 힘겨운 일이나 나에게 도움을 요청할 때 식사를 함께 하면서 "두꺼비 어디 갔나, 두꺼비 어디 갔나?"를 노래하면 나는 "느림보 빨리 간다."로 화답한다.

예전의 그 얄미운 개구쟁이들 어떻게 변했을까? 보고 싶다. 언제 함께 모여서 개구쟁이 시절을 이야기하며 웃고 싶다.

목적지를 착각한 기사

택시를 타자마자 기사는 간단한 인사를 하더니 행선지를 묻고는 곧장 "선생님! 제 이야기 좀 들어 보세요." 하면서 이야기를 시작했다.

"정치인들이나 경제인들의 비자금 및 정경유착, 검은 돈 세탁 등 고질적 부정부패는 언제나 없어지겠습니까? 수십억 원이 그런 곳에 뭉쳐 있다는 말이지요. 돈은 돌아야 우리 서민들이 살고, 세금도 적게 될 것인데. 또 아이들 사교육비가 비싸 대학 보내기도 힘들어요. 고위 정치, 경제인들의 자녀들 병역문제, 돈 없고 권력 없는 국민 자녀들만 국방의 의무를 다해야 하는가요? 노대통령의 탄핵을 결의한 국회의원들, 이럴 때는 국민들의 대변자라고 하면 특별한 경우에는 국민들의 의견을 들어보고 찬반결의를 해야 하지 않을까요. 경로사상이 부족한 여당의장도 있어서 노인들이 격분 했잖아요. 동방예의지국에서요!"

"17대 국회의원 총선도 잘 해야지요. 돈 쓰는 후보자는 낙선시켜야 합니다. 정치인은 물질관계가 깨끗해야 합니다. 그리고 국민의 아픔을 이해하고 눈물을 닦아주는 분들이 되어야 합니다. 선거결과에 따라서 헌법재판소의 판결도 어떻게 될까? 북한의 핵문제, 이라크 파병문제, 의약분업 후 보험료부담도 늘고 약을 약국 가서 지으니 불편한 점이 한둘이 아닙니다. 하나하나 정리가 되어야 평온한 나라가 될 것이 아니겠어요."

운전하며 일방적으로 열변을 토한다. 중국 요임금의 선정을 백성들이 찬양한 노래가사 '우리가 이처럼 잘 살아가는 것은/ 모두가 임금님의 지극한 덕이네'를 나는 속으로 몇 번을 되새겼다. 택시기사가 현실의 불만을 나에게 호소하여 일방적으로 늘어놓아도 늘 환자들의 이야기를 끝까지 듣는 것이 습관이 되어 "그렇지요." 하면서 세미나에 빨리 가기 위해 장단을 맞추어주었다.

"또 대구 경제가 말이 아닙니다. 이번 선거가 중요합니다. 다 왔습니다."

도착해 보니 경북대 부속병원이 아니고 영대 부속병원이었다.

"기사님! 잘못 왔습니다."

"아이 참, 미안하고 죄송합니다. 이야기에 열중하다보니 목적지를 착각했습니다."

방향을 돌려서 경북대 부속병원에 도착하니 세미나 시작 시간 보다 20분이나 늦었다. 문경에서 새벽 버스로 와 늦지 않으려고 택시를 탔는데 너무하다. 몹시 화가 났지만 하루를 같이 유쾌하게 보내기 위해 나는 속을 억누르고서 점잖게 "기사님! 정치가, 경제인 등 누구든지 자기가 맡은 일에 충실하지 못하면 목적지를 착각하게 됩니다." 하고 차에서 내렸다.

  택시를 탈 때면 생각한다. 50대 웅변가 기사처럼 누구나 목적지 착각 없기를…

새벽 골프

알람소리에 비상 걸린 졸병처럼 벌떡 일어났다. 골프가방으로 완전무장을 하고 도둑고양이 내려오듯 뒷계단으로 집을 나왔다. K원장의 차 트렁크에 골프가방을 싣고 아침 인사를 건넸다. 그리고 지그시 눈을 감고 오늘 골프코스의 작전을 머리에 구상했다. 내 마음은 이미 골프채를 쥐고 있다. 골프장 정문에서 출입증을 확인할 때는 비몽사몽이었다.

하우스로 가기위해 언덕을 지나면 차창을 통해 아카시아꽃 향기가 상큼하게 스쳐오고 가슴에 스며들면 슬며시 잠이 깬다. 차에서 내려 카터에 가방을 실었다. 빠른 걸음으로 안개 낀 어둠을 지나 아웃코스 티-박스 쪽으로 올라갔다. 벌써 두 조가 워밍업을 하고 있다. 오늘 새벽은 안개가 너무 짙다. 급한 팀이 먼저 치고 나가세요. 양보하는 듯 머뭇거린다.

일찍 9홀을 돌아 환자진료를 해야 하기 때문에 먼저 나가기로 했다. 순서를 정하고 내가 먼저 어림짐작으로 540야드 거리의 일번 홀에서 공을 함께 봐주며 치니 "전 원장님! 잘 치십시다.". 평소 드라이브 샷의 평균거리를 짐작하고 나가보니 내공이 보이지 않아 울 밖으로 나간 듯싶었다. 공을 찾을 새도 없이 다음 조가 "공을 칠까요?" 하며 고함을 지른다.

"기다려요." 외치면서 곧장 밖으로 나갔다고 짐작되는 곳에서 두 번째 공을 쳤다. 시야가 보이지 않으니 방향에 대한 생각 때문에 자신도 모르게 고개를 들어 실수를 하고 말았다. 나뿐 아니라 동료들도 실수를 한다. 같이 웃으면서 위로하고 격려하면서 경기를 진행한다. 공을 같이 치다보면 사람들의 인품을 알 수 있다.

오래 전에 ○○골프장에서였다. 처음 만난 분들과 한 조가 되었는데 외모로 보기엔 아주 신사였다. 그러나 공치는 매너가 엉망이었다. 다른 사람이 공을 치기 위해서 정신을 집중하고 있는데 담배연기를 뿜어내면서 욕설을 하고 경기를 진행하는 주위 사람들을 불편하게 했다. 어디서 배웠는지 골프의 본 고향 스코트랜드를 다녀와야 깨달을까?

그날은 공을 치고 나서도 불쾌함이 한동안 기억으로 남아 있었다. 올해는 조기 골프회원들이 대부분 의료인들로 구성되어 있어 분위기가 부드럽다. 새벽에 진행하는 경기라 몸의 컨디션이 좋지 않아 실수하면 군소리 없이 잘못된 원인을 찾아서 성실하게 재도전한다.

매 홀마다 최선을 다하고 서로 격려한다. 공의 방향도 서로 봐주고 환자, 가족, 세상 살아가는 이야기를 주고받는다. 즐겁게 거닐면서 방향이 같으면 만나고 또 헤어진다. 그래서 정이 들었는지 금년에는 우리 네 사람이 한 조로 되었다. 일주일에 두 번씩 공을 치기로 합의했다. 3번 홀 코스는 큰 연못이 가로질러 있다. 또 포대그린(높은 언덕)이라 성적이 모두 좋지 않았다. 그래서 평소보다 한 두타를 더 친 셈이다.

먼동이 서서히 밝아왔다. 시야가 100야드 정도 보이기에 마음이 한결 가벼워졌다. 나는 문득 안개 낀 새벽골프 코스가 현재 우리가 겪고 있는 의료보험환경과 같다는 생각이 들었다. 1977년 7월에 시작한 전 국민 의료보험제도의 시작부터 또 의약분업 강제시행은 의료 환경을 더욱 열악하게 만들었다. 의사들이 제약된 조건들로 인하여 소신 진료와 양질의 진료를 할 수 없게 되었다. 이것을 개선코자 대한의사협회, 대한병원협의회, 대한전공의협의회 등 단결투쟁을 하기에 이르렀다. 7만여 회원들이 국민건강 수호와 의권신장을 위한 투쟁이 수차례 전개되었다. 그러나 개선, 보완의 구체적인 대화는 단절되고 세계 역사에 유례없는 의사집단 구속을 단행하였다. 이것은 역사적인 오점이고 또 의사의 특권인 처방전마저 규제되었다.

고가의 약 처방은 삭감하고, 실사도 하고 세무조사 등으로 압력을 가했다. 의사들이 최선을 다해 진료할 수 없는 환경을 만들고 국민들에겐 의료혜택이 제한적인 것이다.

　의료복지가 아닌 의료 독재국으로 국민을 위한 정부라 하면서도 선진국의 의료정책의 표본을 보고 검토하여 의료복지국가로 가는 지름길을 찾는 정책을 펼 의지는 있는지 정말 오리무중이다.

　선진국들의 의약분업 예는 많으나 이웃 일본은 1968년 국민의 뜻을 존중하여 의약분업을 시작했다. 지금까지도 국민을 위한 시행을 계속 정부, 국민, 의사, 약사의 합의하에 진행되어 복지 의료로 표본이 되고 있다.

　4번 홀에 오면서 나는 항상 기분이 좋아진다. 그것은 1986년 8월 23일 홀인원의 인연이 있었기 때문이다. 동행이 하는 말

　"저 건너 키 큰 향나무가 전 원장님 홀인원 기념수지요?" 나는 이 홀에서 니엘리스트(구멍에 가장 가까이 갖다 놓은 것), 홀인원(단 한 번에 공을 구멍에 넣은 것)의 경험이 있고, 나의 서재에는 매달리스트(자기 평균타수 보다 가장 적게 친 타수상) 등 우승컵이 있다고 자랑을 늘어놓았다. 왜냐하면 나이가 들면서 공치는 성적이 좋지 않아 변명하기 위한 속셈이었다.

　6번 홀에서 공을 친 것이 멀리 날아가지 않았고, 두 번째 친 것이 홀에 가까이 보내져 실력이 살아났다. 어느새 7번 홀에 오니 안개가 걷히고 찬란한 햇빛이 골프장 푸른 잔디에 비쳐 골프장이 한눈에 펼쳐 보였다. G약사가 친 공이 포물선을 그리며 창공을 나르는 멋진

모습도 볼 수 있어 '굿-샷' 하고 외치는 경쾌함도 함께 느끼게 되었다. 8번 홀 우측 산을 하얗게 덮고 있는 아카시아 나무에서 풍겨오는 꽃향기는 안개 때문에 경기하기 지친 우리에게 생기를 돌아 주었다. 향기에 만취한 뻐꾸기 가족들은 뻐꾹뻐꾹 합창을 하니 우리 모두의 컨디션도 원상태로 자기실력을 발휘하는 기쁨으로 서로가 만족한 표정들이다. 지금까지 잘못 친 것은 다음 주에는 더 좋은 성적을 가질 것이라는 자신감도 가져보았다.

의료환경도 언제 개선되어 의사들이 소신과 양질의 진료로 국민의 질병을 치료하고 국민건강증진에 최선을 다하는 의료복지가 실현될까?

9번 홀은 K원장이 버디(기존 타수보다 한 타 덜 친 것)하고, 모두들 파(기존 타수를 친 것)로 끝냈다. 오늘 잘 쳤습니다. 그리고 마무리 인사를 나눴다. 요사이 골프에 심취한 C원장이 최선을 다하는 모습도 보기 좋았다. 대도시에 살면 예약마저 힘들어 골프를 즐기기 힘들 것이다. ○○비행단 이웃에 있어 유대가 원활하여 시간 없는 의사들에게 편리제공을 해 주고 있다. ○○부대장과 조정사들에게 감사하면서 비록 안개 낀 것으로 골프하기 어려움이 있었지만 만족한다.

동료들이 나에게 숏 게임을 잘한다고 하지만 이것이 20여 년의 경험 탓이 아닐까? 내가 함께 하지 않는 날은 재미가 없다고 아부도 하면서 모두들 나에게 늘 배려와 친절을 베푼다. 새벽안개의 습기와 땀으로 흠뻑 젖은 옷을 다시 매만진다. 질벅거리는 신발을 끌고 귀가를 서두르는 것은, 일찍 오는 환자들의 진료가 있기 때문이다. 또 내 식성을 잘 아는 아내가 마련한 식탁에 마주 앉아 꿀맛 같은 아침을 먹는 일도 기다리고 있다. 시원한 냉커피로 '브라보' 하며 마신 뒤 아내의 배웅을 받으며 진료실로 간다.

골프하우스 현관 앞으로 승용차가 밀려들어오니 골퍼들은 차에서 내려 락카룸으로 준비하러 가고 캐디들은 골프가방을 어깨에 메고 줄줄이 조를 이루어 아웃 티-박스로 몰려간다. 남들이 아침 일과를 시작할 시간에 골프장에 등장하는 여유 있는 저들은 도대체 무슨 직업을 가졌을까? 요사이 중소기업들이 어렵다고들 하는데 혹시 사장님들이 아닐까? 젊은 남녀들이 상쾌한 아침부터 만사를 제쳐놓고 푸른 잔디 위에 공을 굴리는 저들이 정말 멋진 인생일까?

이른 아침부터 한정된 공간이지만 환자의 고통소리를 달래며 인술을 베푸는 우리가 더욱 값진 인생이 아닐까 한다.

시한부 인생

　산재병동 작품 전시회를 관람하는 날이다. 과거 60년대~80년대까지 경북 문경, 강원도 등 전국 광산에서 종사했던 광부들이 아픈 몸을 이끌고 만들어낸 작품들을 보려니 마음부터 찡했다.
　전시실에는 민속공예품, 서예, 시, 수필, 시조, 도자기, 표구액자, 병풍, 사진, 한옥과 물레방아, 팔각정, 날아갈 듯한 기와집, 그 외에도 정교하고 섬세하기 이를 데 없는 수공예 작품들이 많았다.
　작품 하나하나에는 혼신의 노력을 기울인 흔적이 뚜렷해서 이들의 생활을 가까이에서 보았던 나는 마음이 숙연해지고 눈에는 이슬이 맺혔다.
　이곳 산재병원에는 장기 입원환자가 270여 명이라 한다. 호흡장애로 거동이 불편한 환자들이 많은데도 390여 점의 작품을 전시하고 있어 이들의 노고에 감탄사가 절로 나왔다. 작품 중에는 서울 근로문화제에 입상한 것도 있었고, 대구, 경북 전시회 입상작과 고가에 판매하기로 예약된 작품들도 있어 상당한 수준이었다.

마지막 전시실에서 진폐 환자들의 X-선 흉부사진을 볼 때는 가슴이 답답해지며 호흡곤란을 느꼈다. 석탄 광산 막장 어두운 공간에서 광부 헬멧에 가스 등불을 비치며 작업하는 현장을 재현한 화면을 보는 순간, 예전에 검시하러 가서 석탄 덩어리에 압사한 사체를 검안하던 일이 문득 떠올랐다.

집안의 가장으로서 고된 노동 끝에 얻어지는 것이 죽음과의 싸움이고 그 안에 내 친구가 있었다니, 마음이 착잡했다. 그 어두운 과거를 안고 오늘 이 병동은 그들의 신음 소리로 채워져 있었다.

9년째 입원가료 중인 죽마고우가 있는 병실로 갔다. 누워서 창밖을 내다보던 친구가 문소리에 돌아보며 나를 반겼다.

"창밖에 떨어지는 낙엽을 바라보는 중이야. 나도 낙엽처럼 힘없이 바람이 부는 대로 굴러 갈 거야." 핏기 하나 없는 얼굴로 중얼거리는 모습에 나는 어떤 말로 위로를 해야 할지 가슴만 답답했다.

한참 후에야 친구가 궁금해 하는 동창들의 소식을 전하다보니 거의 반시간이 지났다. 오래 머물면 더 힘들게 할 것 같아 다음을 약속하며 병실을 나오려는 찰라 "내가 언제까지 자네를 만날 수 있을까." 그는 말을 잇지 못하고 애잔한 표정으로 나를 바라보았다. 갈 때마다 더욱 숨을 가빠하고 있는 친구에게 용기 잃지 말고 힘내라고 격려는 하였지만 돌아서는 발걸음이 무거웠다. 병실 복도를 지나는

데 각 병실마다 호흡곤란 환자들의 신음 소리와 산소 호흡기의 작동 소리가 마음을 침울케 했다.

　진폐증은 우리나라의 근 현대사에서 정치 경제적 구조와 권력관계가 만들어낸 사회적인 문제이다. 정부는 주된 에너지원으로 탄광의 개발을 독려하였다. 당시는 성장 제일 주의적 경제개발이라는 데에 초점이 주어져 있었기에 근로자들의 건강과 안전은 뒷전으로 밀려나 있었다. 열악한 근로환경에 처할지라도 광산 감독들의 처방은 검은 마스크를 벗고 몸을 청결하게 씻으며 기름진 삼겹살을 먹고 막걸리 한 사발 마시면 탄 먼지가 모두 제거된다고 했다.

　경제성장을 이룩하기 위한 에너지 공급에 평생을 바친 산업 전사들에게 공로훈장 수여는커녕 결국에는 진폐증으로 불행한 삶을 주어지게 하다니, 국가의 산업재해 보상은 너무 소극적이고 미흡하다는 생각이 들었다. 전국에는 진폐증에 걸린 수많은 환자들이 있으나 이들이 정기적인 검진은 하지만 진폐증과 동시에 합병증이 있어야 입원 요양을 하게 된다.

　그 중 10%도 안 되는 일부 환자만이 의료기관의 도움을 받아 요양을 받고 있을 뿐이며 나머지 환자들은 요양 대상에서 제외되어 부득이 자가 치료를 하고 있다. 현재 진폐환자 대부분은 노령 상태에 있고 경제적인 자립 능력도 없으며 일상생활 능력이 부족한 상태에 있다. 전국 산재병원에 입원해 있는 환자들과 가족들의 가슴 아픈 사연들을 그 누가 알아줄까.

　석탄은 과거 우리들 가정과 산업공장의 중요한 에너지였었다. 근·현대화와 경제성장으로 이룩한 풍요로운 혜택은 산업체근로자와 기업, 국민들이 해냈다. 그러나 갱도 내에서 안전사고와 화재로 인해 사망한 사람들의 유족은 가난하게 살아가고 있으며 신체적 불구자로 여생을 보내는 전직 광부들이 내 주위에도 몇몇 사람이 있다.

　차차 노쇠해지면서 진폐증은 입원가료 하여도 시한부 인생이라는 것이 분명하다. 치유회복의 소망이 없기에 심적인 불안과 정신적 우울증에 시달리고 있으니 안타까운 일이다. 끝내는 보호자들의 애절한 울음소리에 본인에게 다가올 임종을 생각하며 불안한 마음을 다스릴 길 없다는 것이다. 장기간 입원 요양생활은 좌절의 푸념과 탄식의 한숨으로 세월을 보내게 된다.

　최 간호과장은 삶을 포기하려는 진폐증 환자들이 많아 이들에게 자신감과 용기를 북돋워 줄 수 있는 일을 찾고자 작품전시회를 열었다고 한다. 처음엔 어려웠지만 가쁜 호흡을 하면서도 다양한 취미활동을 통해서 육체적, 정신적 고달픔에서 벗어나려고 노력하는 모습이 너무 감사하다는 것이다. 환우회장을 비롯한 이사장의 배려와 병원장, 모든 직원들의 적극적인 협조와 환자들의 호응이 없었다면 이렇게 훌륭한 전시회가 있을 수 있겠나 싶어 마음속으로 고마움의 박수를 보냈다.

  이곳에 왔다가 돌아갈 때마다 몹시 안타깝기 이를 데 없다. 병원 정원의 국화향기는 그윽한데, 불어오는 찬바람에 낙엽들이 우수수 나뭇가지를 떠나고 있다.

  "내가 언제까지 자네를 만날 수 있을까." 힘없이 말하던 친구의 목소리가 그 낙엽에 묻어 함께 떨어진다. 진폐 병동 시한부 인생, 환자들의 신음 소리는 내게 더없는 고통의 소리로 다가왔다.

  이 지구상에 모든 생명의 주인은 창조주 하나님이시다. 모든 인류 중에는 영생하는 사람은 없다. 하나님이 부르시면 이 세상을 떠나야 한다. 그러므로 모든 인간은 시한부 인생이라는 것을 아는 사람이 지혜로운 사람들이다.

5부
아침 전화

사진 속에 담긴 추억

 나이가 들어서인지 환자진료가 끝날 때쯤이면 피로가 파도처럼 밀려온다. 온종일 환자들의 불편한 소리에 귀를 기울이고 질병의 정도가 심하면 같이 고민하고 위로한다. 검사 결과 및 예측 치료경과를 설명하며 의사의 사명을 다하자면 어느 날은 너무 힘들다는 생각이 들곤 한다. 그뿐 아니라 다른 직업처럼 자유로운 시간이 없기에 오랜만에 걸려오는 친구의 전화는 반갑고 생기가 저절로 나는 것이다.
 "원장님! 서울 친구 분 전화가 왔습니다."
 "나 중학교 동기 ㅇㅇㅇ알지? 친구야! 나도 사업 일선에서 물러섰네. 한가하게 전화를 할 수 있는 여유를 가졌어. 의사는 정년이 없지 않는가? 자넨 주민들의 건강을 위하여 더 수고하는 것이 값진 노년이겠지. 그런데 갑자기 체중이 6kg가 빠지고 다리가 후들후들 하는데 큰 병인가 걱정되어 병원에도 못 가봤어. 오랜만에 고향 방문도

하고 친구에게 건강상담도 하려고 갈 것이니 만나 주겠지. 참 ○○○알지. 평생 병원신세 안 진다던 친구가 일주일 전에 갑자기 죽었어. 참 인생무상이야. 옛날 경주 수학여행 사진에서 원장이 있는 것을 확인했다네. 세월이 흘렀으니 많이 변했겠지. 나는 자네가 못 알아 볼 것 같네. 사진 좀 미리 봐 두게나. 친구."

전화를 끊고 서재로 올라가 사진첩을 폈다. 친구들의 얼굴을 보는 순간 추억 속으로 빨려 들어갔다. 경주 불국사 앞에서 찍은 사진들이었다. 그 날은 눈보라가 휘몰아쳤다. 오후 3시경에 국방색으로 포장을 한 군용트럭 두 대가 시커먼 연기를 내뿜으며 운동장으로 달려 들어 왔다. 쌀, 보리, 알밤, 땅콩, 대추 등 간식 보따리를 들고 오들오들 떨며 늦게 오는 친구들을 기다렸다.

교장선생님께서 "지금 여러분들을 환송하는 눈꽃송이가 날리고 있으니 결코 포기하지 말라." 말씀하시면서 처칠이 젊은이들을 위한 명언이니 명심하라며 강한 의지의 사람은 성취할 수 있다는 것이다. 늦기는 하였으나 추위를 두려워 말고 수학여행에서 잘 보고 배워라 하셨다. 이른 봄부터 준비한 여행은 동계수학여행으로 실행되었다. 6·25사변, 휴전 직후이기에 경제적인 어려움으로 함께 다 가지 못함을 선생님들은 안타까워하셨다. 계속해서 눈발이 펄펄 날려도 우리들의 마음은 트럭보다 먼저 경주로 달려가고 있었다. 차는 포장에 완전히 싸여 우리의 시야를 가렸고 방향도 알 수 없었다. 바닥에는 가마니가 깔려 있었지만 보온에는 별 도움이 되지 못하였다. 차안은 아이들의 소리로 시끄러웠다. 누군가가 시작하였는지 교가를 제창하였다.

선생님께서 "얘들아, 이 추위에 여행을 가는데도 그렇게 좋으냐? 그래, 추위도 참는 연습이 필요하다. 수학여행은 말로 듣기만 하던 것을 눈으로 직접 보고 배울 수가 있으니 유식한 말로는 '백문이 불여일견' 이라 한단다."

우리들 모두 "예!"라고 소리쳤다. 한참을 가는데 소란했던 포장 속은 조용해지면서 "아이 추워." "아이 추워." 여기저기서 신음 소리가 들려 왔다. 우리는 목이 터져라 노래를 부르면서 추위와 싸웠다.

얼마를 갔는지 트럭이 섰다. 포장이 열리면서 쉬어 가자고 방한복 차림의 운전병이 소리쳤다. 캄캄한 들판인데 왜관철교 밑이라 했다. 눈보라는 어느새 그쳤지만 흰 눈은 강변을 뒤덮였었다. 차 헤드라이트 빛을 이용해 나뭇가지, 풀잎들을 주워 불을 지폈다. 우리들은 얼어붙은 몸을 녹이며 한 줄로 서서 소변을 보았다. 김이 모락모락 올라왔다.

미끄러운 심야운행은 위험하여 갈 수 없다면서 도중 길옆 여관에 들어갔다. 그러나 땔감이 없어 숙박객을 받을 수 없다고 했다. 냉방이라도 추운 바람을 피하게 해달라며 방 4개를 얻었다. 밤 9시경에 가져온 곡식을 모아 저녁을 지었다. 친구들의 반찬은 막 된장, 고추

장, 콩조림, 멸치조림 등이었다.

　나를 극진히 사랑하시는 어머님은 그때 형편에는 잘 먹지 못하는 삶은 달걀과 쇠고기 장조림을 작은 도시락에 싸주셨다. 쇠고기장조림은 선생님들 방에 갖다드렸다. 선생님들은 내가 가장 존경하는 분들이기 때문이다. 수학여행을 다녀와서 어머니께 말씀드리니 "네가 나보다 더 낫구나." 하며 칭찬해주셨다.

　한방에 30여 명씩 옷을 입은 채 누웠다. 얼음장 같은 방바닥에서 찬바람이 새어 나왔다. 방울쌈지가 바짝 오므려들었다. 물론 모두의 얼굴도 닭살이 되었지만 돌아가면서 옛날이야기나 장기자랑, 노래를 부르면서 밤을 지새웠다.

　다음날 아침 그렇게도 원하던 경주에 가보니 산천에 눈이 산재해 있으며 쌀쌀한 찬바람이 우리를 맞아 주었다. 신라시대 때 별을 관찰했다는 첨성대에서 불국사까지 관광을 하였다.

　사적지마다 추워서인지 관광객들이 거의 없었다. 군용트럭에 오르내리며 관광하는 우리들을 바라보는 주민들은 이상하게 보는 듯하였다. 국어, 역사, 미술 선생님들께서 추위를 무릎 쓰고 차례를 바꾸어가며 무형탑에 얽힌 이야기, 김유신 장군이 애마의 목을 자른 용단, 화랑오계, 처용 유래, 신라삼국 통일의 위업 등 열정으로 가르쳐 주셨다. 우리는 선생님들의 실력이 대단하다고 여겼다. 하루의 일정을 모두 마치고 다음날 석굴암에 일찍 가기 위하여 토함산 중턱에 위치한 토함산 여관을 찾았다.

새벽 5시가 되어 눈 덮인 토함산의 미끄러운 언덕길을 올랐다. 골짜기에서 불어오는 찬바람에 얼굴이 찢어지는 듯한 고통을 받았다. 힘겹게 석굴암에 도착하니 온몸이 땀으로 흠뻑 젖었다. 찬바람이 불어오면 몸이 오싹해져 친구들끼리 서로 껴안고 동쪽을 바라보았다. 기다리던 태양이 수평선에 찬란하고 웅장하게 떠올랐다. 그 넓은 동해전부를 위엄 있게 물들이는 것이 장관이었다.

50년이 지난 사진이지만 우리들의 정신자세를 헤아릴 수 있었다. 출발할 때는 방한복 차림이었지만 기념사진에는 모두가 교모, 교복 차림으로 용모가 단정하다. 그 당시는 모두가 모범학생으로 인정받기를 원했다. 학교에는 학생지도교사와 규율부가 역할을 다했다. 선생님은 가르치는 실력으로 존경을 받았으며 공부를 잘하는 학생들은 사랑을 받았고 성적이 부진한 학생들은 특수반에서 보충교육을 하였다. 왕따가 없고 교내 폭력도 없으며 주먹을 휘두르면 학교교칙에 의해서 조치되었다. 우리의 학창시절은 열심히 공부하였고 선생님들은 전인교육자들이었다. 그래서 다복한 학생시절이었다. 경주 수학여행은 신라 천년의 빛나는 문화역사의 배움의 장이다. 백문이 불여일견의 값진 교육이었다.

놀 때는 짓궂은 친구 같고 성적통지표를 보면 꾸중하던 형이 라이카 카메라를 빌려주었다. 그래서 수학여행에서 유일한 학생 카메라

맨이라 사진사 아저씨가 바쁠 때는 친구들 사진을 내가 다 찍었다. 첨성대, 다보탑, 불국사 등은 잘 찍었는데 사람들은 구분할 수 없는 사진이 그 결과였다. 망신스러워 그 사진을 친구들에게 주지 못하고 지금도 가지고 있는데 추억이 담긴 사진을 달라는 친구들에게 궁색한 변명을 했다. 친구들이 "카메라는 고급품인데 기술이 백지로구나!" "미안해!" 지금도 그때를 생각하면 창피한 생각이 남아있다. 그래서 카메라를 가지고 다니는 사람들을 보면 나 같은 기록사진을 가지지 말기를 기원한다.

지금에 와서 생각하면 그렇게 고생스러운 수학여행 때의 일들이 아름다운 활동사진으로 추억된다.

요사이 중·고등학교 수행여행은 봄, 가을로 고급 관광버스를 타고 더우면 에어컨, 추우면 히타를 이용하고, 비행기로 제주도까지 간다. 그리고 방학을 이용해 어학연수까지 가지 않는가!

요즘 학생들은 조금만 어려움이 있으면 가출하거나 투신자살을 한다. 과잉보호로 온실에서 자란 화초처럼 거친 눈보라에 견디지 못하는 것으로 비교가 된다고 할까?

그때 인내심을 가졌던 사람들로 우리나라 근대화, 현대화의 주역들로 살아왔다고 생각한다. 나와 동대의 사람들은 보릿고개의 설움과 6·25전쟁 등 근대사에 고달픈 인생을 살아왔다.

옛 추억을 함께 가진 친구에게 예상되는 끔찍한 질병의 병명은 지워버리고 벗이 오면 반겨 줄 것이다. 건강의 적신호로 불안, 초조해 하는 친구를 위로하며 의사로서 그의 건강회복을 위해 좋은 상담자가 되리라고 스스로 다짐한다.

아침 전화

오늘도 어김없이 전화벨이 울린다. 매일 거의 같은 시간에 울리는 소리다.

"여보세요. 아버지 찬욱입니다. 잘 주무셨어요, 어머니께서도 별고 없으신지요, 저 학교 다녀오겠습니다. 사랑합니다."

웃음이 듬뿍 담긴 목소리다.

"그래, 오늘은 눈보라가 날리고 기온이 급강하한다니 조심해라, 안전운전해서 다녀오너라."

오랫동안 습관적으로 오는 큰아들의 아침 문안전화다. 가끔 아내는 선생님 월급이 얼마나 되냐 전화 안 해도 괜찮다, 하지 말라 하며 만류를 한다. 하지만 부모님과 대화하고 출근하면 하루 종일 힘이 난다고 벌써 약 30여 년이 되었다.

전화를 받은 우리 내외는 그의 문안전화로 기분 좋은 하루가 시작된다. 아내가 나의 식습관을 잘 알고 마련한 맛깔난 조식을 즐겁게 대화까지 나누며 먹으니 만족스럽다. 그 다음 차례는 나의 커피 서비스다. 수십 년을 함께 살아 왔기에 아내의 취향을 잘 알아 커피를 구수하고 향긋하게 탄다. 식기 전에 거실 안락탁자에 가져다 놓고 설거지하는 아내를 초대한다. 그런 다음 커피 잔을 가볍게 부딪친다. 커피향이 우리의 정다운 대화 분위기를 북돋아준다. 큰아들과 맏며느리 이야기로 시작되면 장손자가 육군 복무 중에 있는데 잘 적응하여 무사히 제대하기를 바란다고 한다. 둘째 손자는 생명공학과에서 열심히 공부하고 있으니 장차 생명공학자로 영광스러운 노벨 수상자가 될 수 있을까 소망도 한다.

 다음은 하나뿐인 사위가 건축회사 상무로 있는데 건설경기가 주춤한다는데 걱정이 앞선다. 딸이 딸만 둘 키우고 있는데 여고생인 큰 외손녀는 장차 백의천사 간호사가 희망이라고 한다. 둘째 외손녀는 미술에 소질이 많아 학생 그림그리기 대회 때 좋은 성적으로 자주 입상을 하니 딸의 이야기로는 디자이너를 지망시킨다고 한다.

 둘째 아들은 호주 시드니에 가서 유티에스 공과대학을 졸업하고 영주권에 이어 시민권을 얻었다. 오라클이라는 회사에 매니저로 일하고 있는데 아들만 넷이라 둘째 며느리가 아이들 양육하기 힘겨울 것이다. 그래도 아들마다 귀여워서 고생인줄 모른다고 한다. 첫째는 색소폰 둘째는 클라리넷 셋째는 피아노 넷째는 아직 세 살이라 형들이 연주할 때마다 장난하며 재롱을 부린다고 이따금 동영상을 보내와서 우리를 즐겁게 한다.

쌍둥이 동생인 셋째 아들은 두 내외가 의사로서 함께 의원을 경영하면서 환자를 잘 진료하는 듯 여겨진다. 내 젊은 시절과 같이 환자들이 몰려와 문전성시를 이루어 늘 피곤하다고 한다. 나도 오랜 세월 동안 개원의로서 병원을 운영한다는 것은 생각 밖에 힘든 일이었다. 현실적으로 의료보험수가가 너무나 저렴하니 새로운 의료장비를 구입하거나 직원들 복지를 위한 것이나 여러가지로 경영에 어려움이 있어 무리하지 않을 수 없다는 말을 한다. 나도 동감이고 안타깝게 늘 생각하고 있다.

아직까지는 자식 농사 잘 지었다고 자화자찬을 하면서 진료실로 향한다. 오늘은 어떤 질병으로 고통스러운 환자들을 만날까. 그분들의 고통스러움을 다소나마 해소시켜주는 의사의 역할을 잘해야 한다는 각오를 다진다.

사실 큰아들은 내가 서울에서 고향으로 내려와 개원 후로 외가에 의탁해서 키웠다. 중고등학교, 대학교까지 공부하는 동안 방학 때 잠시 같이 지냈을 뿐 늘 떨어져 생활하였다. 가끔 아버지, 어머니가 보고 싶다는 전화가 오면 아내가 서울 가서 며칠씩 함께 있곤 했다. 부모의 정을 충분하게 주지 못해 우리의 가슴을 아프게 할 때가 많았다. 그러나 환자를 진료하는 나로서는 어쩔 수가 없어서 늘 마음이 안쓰러웠다.

우리는 전화를 안 해도 된다고 하지만 그럴 때마다 큰자식으로서 부모를 모시지 못하는 불효의 마음이 크다고 한다. 또한 30~40여 년을 떨어져 생활하면서 외로웠는데 이를 보상받으려는 마음도 있고, 날마다 부모님의 정을 더욱 느낄 수 있어 좋다는 것이다. 우리도 이제는 그러한 아들의 말을 듣고 아침 전화를 기다리는 게 일과가 되었다. 그리고 더없이 기분 좋은 하루의 시작이 되고 있다.

햇빛 쏟아지는 거리

　새벽기도회를 마치고 귀가할 때면 벌써 밝은 햇살이 거리에 쏟아지곤 했다. 그러나 밤사이에 버려진 쓰레기들이 흩어져 있어 아침 기분이 상했다 '이게 뭐! 문화의 거리야?' 담배꽁초, 맥주 캔, 우유, 요구르트 통들의 쓰레기 전시장이 되어있었다. 내가 투정을 하면 아내는
　"여보! 이 길에 교양 있는 문화인들만 오나요. 어제는 아리랑 공연장에서 오미자 대축제라 인산인해로 사람들이 몰렸고 실개천에선 아이들이 물놀이도 많이 했고 클로버쉼터에서도 사람들이 많이 놀잖아요. 어서 운동 삼아 청소합시다. 오늘은 주일이라 환경미화원도 쉬는 날이잖아요."
　우리는 들머리의 사과 동상과 분수대에서부터 사람들의 시야를 끄는 곳 주위의 쓰레기들을 주워 깨끗하게 했다. 실개천과 영상 안내대, 가로등, 소나무 사이, 꽃 화분 가의 담배꽁초와 빈 과자봉지도

주웠다. 실개천의 근원인 퐁퐁 솟아오르는 옹달샘까지 한 블록을 올라가면 멋들어지게 휘어진 소나무와 연산홍이 서 있다. 실개천이 굽이굽이 아름다운 곡선을 그리며 흘러 폭포가 되어 떨어지면 물바람이 일어나 시원하기도 했다. 클로버 잎 모양의 대리석 돌판들이 놓여있는 곳에 앉아서 이야기꽃을 피우는 행운의 쉼터에도 소주병과 담배꽁초들이 흩어져 있다." 누가 즐기다 갔을까? 다음에는 더럽다고 오지 않으려고?' 내가 궁시렁대자 아내가 "무슨 말을 혼자해요?" 한다.

 실개천을 따라 올라가면 나체 여자 동상이 서 있는데 머리에서는 물이 흘러내리고 있다. 그 물이 풍만한 앞가슴으로 가냘픈 허리로 아름다운 엉덩이를 씻으며 내려가는데 뭇사람들의 시선을 잠시 잡기도 한다. 맞은편 폭포수 언덕에는 선비가 괴나리봇짐과 여장을 풀어놓고 맨발로 폭포의 시원한 물바람을 맞으며 청운의 꿈을 이루겠다는 초롱초롱한 눈빛으로 창공을 바라보고 있다. 나체 여자 동상에는 관심도 없는 듯하며 장원급제 한 선비로 보여진다. 그 선비의 갓과 봇짐, 술병과 짚신 및 곰방대에 끼어있는 쓰레기들을 치웠다. 어제 놀다간 아이들이 물장난하다 두고 간 장난감들도 개천 바닥에 흩어져 있다. 아내는 친손자들 장난감인 듯 챙겨서 가지런히 진열해 두는 할머니로써의 자상함을 보인다. 또 한 블럭을 올라가면 문경새재 관문분수대인데 널따란 바위가 있다. 잠시 앉아 시원한 계곡을 바라보면서 땀을 식히고 그 앞의 연못 청소도 했다.

　노송들과 박달나무숲에 이르러서는 문화공연을 하는 아리랑 공연장에 버린 양심 조각들을 주웠다. 햇빛에 우리 내외의 온몸은 땀으로 흠뻑 젖었다. 집으로 돌아오는데 빨간 티셔츠에 청바지를 입은 키가 늘씬한 청년이 현관까지 따라 오더니 공손히 인사를 하면서 "수고 많이 하셨습니다. 죄송합니다. 저는 요사이 실직되어 마음에 갈피를 못 잡아 노래방과 이 문화의 거리를 걸으면서도 행복한 가족들의 모습에 질투심이 생기고 사회에 대한 불만으로 소주병과 담배꽁초를 마구 버렸습니다. 그런데 두 어르신이 소곤대며 정답게 쓰레기를 줍는 것을 보고 고향에 계신 노부모에 대한 그리움과 비뚤어진 양심이 아렸습니다. 죄송합니다." 하면서 비닐봉지에서 아침햇살 음료수를 꺼내 권한다. "아 젊은이 이렇게까지~~ 고마워요." 하며 같이 마시니 땀이 싹 가신다. "젊은이가 우리를 보고 고향의 양친을 생각하고 이렇게 배려했으니 고맙소. 부디 심기일전하여 아침햇살처럼 밝게 살아가면 반드시 훌륭한 인물이 될 것이요. 잘 가요."

　청년의 등 뒤로 아침 햇살이 부시게 쏟아지고 있다. 햇빛 쏟아지는 아침 그런 청년의 마음을 응원이라도 하듯.

커피의 유혹

현대인의 일상생활에서 빠질 수 없는 기호식품인 커피의 유래를 알고 마시는 분들이 별로 없는 듯하다. 커피는 기원전 6~7세기경 아프리카 에티오피아에서부터 그 유래를 들고 있다. 쉬네옷 수도원에 소속되어 있던 염소 치는 목동이 어느 날 염소들이 흥분하여 뛰어다니는 것을 보았다. 목동을 보면 공격적으로 돌진하여 곤욕을 치렀고 밤에는 잠도 자지 않는 것이다. 왜 그런가 하고 살펴보니 낮에 염소들이 빨간 열매를 따 먹는 것이다. 호기심이 생겨 목동도 빨간 열매를 먹어보니 기분이 상쾌하고 힘이 불끈 솟는 듯하였다.

그 빨간 열매를 수도원에 가져가서 수도사에게 주면서 염소 이야기를 했다. 수도사들이 볶아서 가루로 만들어 먹었는데 정신이 맑아지고 심야기도 시간에 졸음이 없고 피곤하지도 않았다. 그러나 커피 향에 매료되어 자주 마실 경우 불면증, 다뇨증이 와서 악마의 유혹이라고 한 적도 있다. 그러나 수도사들이 커피의 양을 적게 타서 먹었더니 경전을 읽거나 기도할 때에 정신이 집중되었다. 그리고 맑은 영성으로 신과 영교의 체험을 하게 되었다. 커피의 효능을 인정한 후 이 물질은 신이 내려주신 고귀한 선물 곧 기적의 음료라고 감사하고 찬송을 하였고, 이 소문이 널리 퍼져갔다.

한편으로 아라비아, 페르시아 등지에서 커피가 건강에 효능이 있다고 많은 사람들이 마셨다. 그 후 홍해를 건너 에멘, 이슬람에서 유럽으로 커피 향기가 전해지는 데는 베니스 상인들의 역할도 컸다. 16세기에 마르세유 등지에서 커피에 대한 의학적인 논쟁이 있고 여러 왕국과 귀족들의 독점식품으로 서민들이 마시는 것은 특별히 건강을 위하여 의사들이 처방하라는 규제까지 있었다. 그러나 오히려 아라비아, 페르시아, 투르크의 의사들은 커피가 몸에 활력을 주고 몸살과 두통, 복통, 근육통, 관절통, 우울증을 쫓아버려 건강에 도움을 주니 적절히 커피를 마시라고 권했다. 이렇듯 커피의 역사에는 시시비비가 많았다.

그러나 18세기에 이르러서 영국, 독일, 프랑스, 오스트레일리아의 중요도시에 커피 전문점 즉 카페가 생겼고 문학, 음악, 미술 등 문화, 예술 동호인들의 모임 등으로 여러 분야 활성화되어 서구 문화의 발전에 커피의 공헌이 컸다는 것을 주지의 사실이다.

요즘 나를 찾아오는 환자들 중에는 커피 과다 섭취로 속이 쓰리고 가슴이 벌렁거리고 불면증이 있다고 호소하는 이들이 늘고 있다. 내시경 검사를 해보면 위염, 위궤양, 십이지장궤양이 많은데 커피의 주성분인 카페인이 위점막을 자극하므로 위산 과다 분비가 원인이 되고 있다. 그 위산이 위 점막에 상처를 주는 의학적으로 자가소화를 일으켜 위염, 위궤양을 일으킨다는 것이다. 간혹 공복 시 커피를 마시면 속이 쓰린 경우는 식도나 위점막에 자극이 오는 경우 미지근한 물을 마시면 금방 중화가 되기도 한다. 사업하는 이들이나 커피의 향기에 매료된 이들은 커피 과음으로 심계항진증, 부정맥증, 불면증이 심하여 치료를 해야 할 경우도 있다. 그리고 푸짐한 회식 후 커피 한 잔은 입가심이 되어 개운하고 즐거운 대화의 분위기도 만든다.

그러나 커피의 구수한 향기가 뇌를 자극하면 니코틴의 주성분인 담배를 흡입하도록 요구하기도 한다. 그래서 담배 연기를 흡입하면 커피에 대한 갈망이 일어난다. 커피와 담배의 노예처럼 되면 심한 경우 위염, 위궤양으로부터 위암까지 발병하는 수도 있고 만성기관지염에서 폐암까지도 발병하는 경우도 가끔 있다.

어느 생리학자는 임산부가 속이 메슥거릴 때 커피를 마실 경우 유산, 조산아, 미숙아의 확률이 높고 태아의 뇌 기능에도 영향이 있다고 하였다. 그 예로 반항적이고 반보수적인 성향의 아랍인과 중동사람들은 조상 대대로 커피를 마시는 습관을 가진 가정에서 태어난 후손이라고 볼 수도 있다는 논문을 발표했다.

반면에 커피는 좋은 점도 많다. 신경계통에 작용하여 정신의 활동력과 지각을 활발하게 만들어서 사고를 한층 명료하게 하고, 육체적으로는 근육을 긴장시켜 노동력을 증가시킨다. 그래서 커피를 대량 재배할 수 있는 기후와 토양의 궁합이 잘 맞는 브라질에서는 대량생산으로 국가 경제에 주축이 되고 있다. 아프리카지역에서 농노를 많이 데려와서 작업할 때 노력을 증강시키기 위하여 커피를 대량 마시게 했다는 기록도 있다. 또 하나의 카페인 효능은 알코올이 감정적인 슬픔을 촉진하는데 비해서 한모금의 커피는 눈물을 억제한다. 그래서 커피 역사의 기록에는 우울증환자와 알코올 중독증 치료제로 사용했다고 한다. 그리고 최신 연구 논문에 쥐에게 커피를 하루 두세 차례 먹였더니 커피를 먹지 않는 쥐보다 스트레스 감내 능력과 기억력이 우수하고 우울증, 치매, 뇌심장 혈관질환에도 예방효과가 있고 구강암 예방효과도 있다고 보고 했다.

우리들 대부분은 커피, 설탕, 프림을 죽처럼 타서 진한 커피를 마셔야 마신 것 같다고 한다. 그러나 커피의 원산지 사람들과 서구 사람들은 항시 뜨거운 물에 순수한 커피를 묽게 타서 천천히 마시면 커피의 진미인 쓴맛, 단맛, 신맛, 떫은맛, 짠맛이 잘 배합된 풍미를 충분히 느끼게 되고 향기에 매료가 된단다.

언젠가 뉴욕에 사는 선배 집을 간 적이 있었다. 선배는 커다란 잔에 연하게 탄 커피를 그윽한 향기와 함께 향수를 즐기면서 마시면 옛날 구수한 숭늉 맛과 같다고 하였다. 감미로운 클래식 음악을 들으며 다음날 수술에 대한 구상을 하거나, 그리운 사람들의 얼굴을 뇌상에 떠올리면서, 그 행복감을 누리게 하는 촉매제가 순하고 구수한 커피향이라고 하면서 빙그레 웃었다.

나는 대학시절에 강의를 듣기 전에나 도서관에 갈 때와 밤새워 시험 준비할 때에 창의력과 집중력을 갖고자 커피를 마신 것이 습관화되었다. 커피의 그윽한 향기의 유혹에서 벗어나지 못하여 중독 직전까지 갔었다. 그래서 속이 쓰리고 불면증까지 와서 절제하는 고통의 시간을 보낸 적이 있었다. 커피 때문에 건강을 해칠 수는 없지 않은가. 커피의 유혹에 깊이 빠져들지 말아야 할 것이다.

이제는 어느 곳을 가나 커피의 구수한 향이 우리를 유혹한다. 그러나 진한 커피는 건강을 해친다. 부드럽고 구수한 커피는 몸에 유익하여 스트레스 해소, 기억력을 높이고 치매, 뇌, 심장혈관질환과 구강암 예방에도 효과가 있다고 한다. 그리고 카페인은 뇌 연수의 호흡중추에 작용하여 혈액이 심장 박동으로 순환할 때 몸 안에 있는 모든 세포에 산소를 공급하여 세포의 기능을 활성화 하는데 도움을 준다.

요즈음에 나는 커피 한 잔으로 집중하기도 하고 글을 쓸 때에 창의적인 구상을 하며 클래식 음악에 심취한다. 그리고 환자진료를 끝내면 모든 피로감을 커피 한 잔으로 멀리 날려 보내기도 한다. 이렇듯 나는 매혹적인 향기에 유혹을 받은 후 긴 세월동안 연정을 끊지 못하여 때때로 그 향기에 매료 된 때를 즐겨왔다.

누구도 뿌리 칠 수 없는 커피의 유혹은 말로는 족히 표현할 수 없는 향기이기 때문이다. 그러나 커피는 기호식품으로 우리들의 기분을 전환시키고 활력을 소생시키는 인체에 좋은 점도 있으나 지나치게 마시면 건강에 피해를 받을 수도 있으니 적절히 애음하는 지혜가 있어야 한다.

그리고 근래에 연구결과는 커피가 항산화효과가 강하여 지방간증, 내장비만, 콜레스테롤 조절, 유방암, 간암, 소화기암 등에 항암효과도 있다고 한다. 순수 커피는 다이어트 효과도 있다고 하여 젊은 여성들이 천혜의 음료인 커피를 더 즐겨 마셔서 더 많은 사람들을 유혹할 것 같다.

아들을 만나던 날

　보라매공원으로 가는 날 아침, 잿빛 구름이 하늘을 덥혀 습한 바람마저 나의 얼굴을 스치는 순간 마음이 더욱 우울해졌다. 재빠른 걸음으로 걸어오는 민 총무와 간사가 큰 보따리를 들고 오는 것이 무거워 보였다. 유 회장이 긴장된 모습으로 다가와 "일찍들 나오셨습니다" 하며 인사를 나누었다. 회원들은 간편한 복장에 우비를 가지고 나왔다. 그간 여러 차례 행사에 다녔기 때문에 익숙한 모습이다.
　관광버스가 도착하자 의권쟁취 구호를 크게 쓴 현수막을 서둘러 버스측면에 부착시키고 모두 버스에 올라탔다. 유 회장이 상기된 얼굴로 마이크를 잡고 하는 인사 첫마디가 "어제 밤에 늦게까지 시군의사회장단과 의쟁투위원들의 연석회의에 다녀와서 몹시 피곤하다."고 하면서 회의에서의 결의 내용과 미진한 안건들에 대한 보고, 오늘 행사 일정을 안내한 후 도시락으로 간단히 식사를 마쳤다.

의권쟁취를 위한 조항들을 재확인하는 대화와 그동안 환자진료 중에 의사의 불편한 점과 환자들의 불평으로 곤욕을 치루었다는 이야기, 약사들의 사전 동의 없이 대체조제한 일들을 이야기하느라 차 안은 떠들썩한 가운데 어느덧 버스는 중부휴게소에 도착했다.

휴게소에는 우리와 같은 행사에 가는 의권쟁취구호를 부착한 버스들과 각 지역 의사회원들로 꽉 메워졌다. 잠시 휴식 후 버스는 고속도로를 달려 목적지인 보라매공원에 도착했다.

전경들이 비를 맞으며 두 줄로 질서정연하게 서 있는 모습이 너무 안쓰럽게 보였다. 국민의 정부가 준비도 안된 상태에서 의약분업을 강행하므로서 저 젊은이들도 고생을 하는구나 생각하니 마음이 아팠다.

태풍 프라피룬으로 인한 비와는 상관없이 행사는 진행되었다. 투쟁의 열기가 고조되자 우산들을 접고 비옷을 입은 채 진흙바닥에 주저앉았다. 사방에서 비춰지는 조명 아래 의과대학별 전공의, 시도 의사회 피켓과 의권쟁취구호를 쓴 현수막들은 비에 젖어 축 늘어져서 초라해 보이기까지 했다.

한 달여간 옥고를 치르고 나온 김재정 회장의 의료개혁 원년선포, 의쟁투 사무국장의 경과보고, 여러 의사 단체장의 격려사가 이어졌다. 다함께 투쟁가를 부르며 두 손을 높이 들어 구호를 외치고 있을 때 "아버지" 하는 소리에 뒤를 돌아보니 막내아들이었다. 나는 아들의 손을 덥석 잡았다.

"네 얼굴이 많이 야윈 것을 보니 무척 고행이 많구나."

"아닙니다. 모두들 고생이지요. 아버지! 우리가 왜 이런 현장에서 만나야 하나요?"

"아버지! 인술을 베푸는 것이 최상의 사랑과 봉사라고 말씀하셔서 저도 같은 길을 선택하였는데 비바람이 몰아치는 의권쟁취투쟁 현장에서 아버지를 뵙게 되니 제 마음이 괴롭습니다. 그러나 아버지! 그동안 희생과 봉사는 값진 것으로 저는 알고 있습니다. 우리 전공의들도 최악의 의료 환경을 알고 우리나라의 의료제도가 바르게 세워지는 그날까지 투쟁하기로 결의하였으니 너무 염려하지 마세요. 저는 또 가봐야겠습니다. 건강 조심하십시오." 안쓰럽지만 잡았던 손을 놓았다.

어디론가 달려가는 아들의 뒷모습을 바라보니 서글픈 생각에 가슴이 뭉클하고 눈물이 나왔다. 같은 길을 걷는 이 길. 내 평생 그날을 잊을 수 있을까?

어린이날을 보내며

　동족상잔의 비극인 6·25전쟁 직후 헐벗고 굶주리며 거리를 방황하는 아이들을 모아 그들의 보금자리로 설립한 것이 신망애육원이다. 설립예배에 참여했던 연고로 5월 5일이면 많은 원아들의 합동생일잔치에 의례히 함께하게 되었다.
　창립 49주년 행사를 빛낼 분들이 큰 행사관계로 모두 참석치 못하였다. 예상치 않은 축사를 부탁 받아 즉흥적으로 하였지만은 참 미안했다. 이곳의 후원자들도 함께한 가운데 축하예배, 아이들의 다채로운 순서, 축하만찬을 마치고 4년 전에 작고하신 황용석 장로님의 딸인 원장과 아이들이 고사리 손을 흔들며 환송했다. 장로님은 긴 세월 동안 박애정신으로 아이들에게 사랑을 쏟았다. 원아들의 영원한 아버지였던 그분의 얼굴이 떠오르고 아이들의 맑은 눈에 사랑을 더 갈망하는 듯하였다.
　돌아오는 길에 강물이 유유히 굽어 흐르는 곳, 숲이 우거진 공원에는 명쾌한 음악소리가 온 대지를 울리는 듯했다. 수많은 인파가 운집한 잔디밭에는 형형색색의 아름다운 옷을 입은 어린이들이 즐겁게 글짓기, 그림 그리기, 합창, 유희 등 관이 주도하는 초호화 잔치가 신망애육원 행사와는 너무나 대조적이다. 그 광경을 보면서 나는 민망스러웠다.

신망애육원도 사회변천에 따라 운영모델이 많이 변했다. 이제는 경제적 어려움으로 위탁하거나 결손가정의 자녀들을 수용하고 미혼모로부터 버림받는 아이들이 양친의 사랑을 받으며 아브라함 가족, 야곱 가족, 요셉가족 등으로 양육되고 있다. 양육을 받았던 출신 선배들 중에는 교수, 목회자, 기업가로 성공적인 삶을 살아가고 있다. 어린 시절은 불우하지만 사회인으로 살아갈 때는 불행한 길을 가지 않기를 소원한다. 생활문화는 발전해 가는데 우리들의 관심과 사랑은 인색해지는 것 같았다. 2004년 5월 5일은 개원 50주년이 된다. 더욱 사랑과 관심을 보여 주자는 마음이 일었다.

요즘 어린이들은 학교생활뿐만 아니라 여러 곳의 학원학습 때문에 지쳐 고달픈 모습으로 걸어가는 것을 종종 볼 수 있다. 공교육현실과 아동학대, 학교폭력 등이 증가된다는 소식을 들을 때마다 부모들의 마음이 언짢을 것이다. 어린이날만 어린이를 주인공으로 인정하는 것이 아니라 잠재력과 천부적인 소질을 발휘할 수 있는 교육제도와 사회풍토가 되었으면 좋겠다. 자녀를 과잉보호하지 말며 자립하여 살아 갈 수 있게 해야 할 것 같다.
　모든 아이들이 인간적으로 존중받고 꿈을 마음껏 펼치도록 어른들이 잘 보살펴 이 나라의 주역들이 되도록 양성하는 것도 어른들의 몫이 될 것이다.

카네이션의 색깔

카네이션을 사랑과 존경하는 마음으로 달아주는 유래는 1910년 미국에 안나 자비스라가 어머님을 추모하기 위하여 교회에서 흰 카네이션을 나누어주는 데서부터 시작되었습니다. 1914년 톰 윌슨 대통령이 5월 둘째 일요일을 어머니 날로 공포하면서 세계적으로 전파되었습니다. 우리들도 어버이날에 웃어른들에게 사랑과 공경의 뜻으로 달아드리는 관습이 되었습니다. 살아 계시는 부모님에게는 빨간 카네이션을, 부모를 여윈 분에게는 흰 카네이션을 달아드리며 어른 공경에 대한 예를 표합니다.

필자는 과거 민사가사 조정위원으로 판사들과 함께 이혼 소송 건을 조정하는 기회가 종종 있었습니다. 그때 사건 중에 60대 할머니가 이혼소송을 제기하여 할아버지가 이혼을 당하게 되었습니다. 그런데 할머니 가슴에는 빨간 카네이션이 달려 있었고, 할아버지는 꽃이 달려 있지 않았습니다. 딸에게 그 이유를 물으니 공경의 대상이

안 된다고 했습니다. 젊은 날에 가장노릇을 하지 않으면 자식들에게서도 이런 대접을 받는다는 것입니다.

  카네이션의 꽃말은 자비로움입니다. 흰색-나의 사랑, 빨강-열렬한 사랑, 분홍-부부의 애정, 황색-당신을 경멸합니다. 언제부터인가 카네이션 색깔의 뜻을 분별하지 않고 빨간 카네이션을 다는 경우를 보았습니다.

  가정의 사랑을 떠난 자녀들이 속히 집으로 돌아와 카네이션 대신 부모님 가슴을 까맣게 멍들게 하지 말아야 합니다. 가정을 책임지지 않는 부모, 혹은 자녀들을 학대하거나 버리는 부모는 황색 카네이션보다 하나님의 징벌을 두려워해야 합니다.

  꽃들이 만발하는 화사한 오월에는 자녀들이 부모의 은덕에 감사하며 효심으로 카네이션을 달아드려야 합니다. 비록 주름진 얼굴이지만 행복의 미소를 짓게 해드리고, 부모님들은 카네이션만을 달고 다니지 말고 인품을 추스려 가는 곳마다 사랑을 베풀고 화평하게 지내야 합니다. 근래에 존경 받아야 할 정치인들이나 재계와 사회지도급 인사들이 부덕한 행위로 국민들로부터 노란 카네이션을 달 분들이 더러 매스컴을 통해서 보도됩니다.

  부디 모든 지도자께서는 노브리스 오브리제의 인품을 갖추어 주길 가정의 달 오월에 필자는 바랍니다. 가정의 꽃인 아이들을 사랑으로 양육하여 해맑고 평화로운 미소로 자라나게 하고 국가와 사회를 건강하게 이끌어 가는 인재들로 성장토록 노력해야 합니다.

그리고 부부간에는 분홍 카네이션을 달아주며 온 가족이 웃음꽃을 피우며 평화가 충만한 행복한 가정을 꾸며 가시기를 기원합니다.

오월을 맞아 카네이션의 꽃말과 색깔을 생각하며 그에 맞게 살아가기를 바라는 마음 간절합니다.

홀인원 증인

하얀 국화향에 취했는지 환하게 미소짓고 있다.

"영석아 자네는 만능 스포츠맨이지만 늙었으니 운전하지 말라고 내가 그렇게 만류했었잖아. 늙으면 순발력이 떨어진다고 내가 수차례 말했지. 얼마나 과속을 했으면 커브에서 차가 전복되어 비참하게 세상을 떠났니. 너무 슬퍼서 나는 눈물이 끊이지 않는다."

"며칠 전에도 우리 저녁을 먹으면서 유에스피시 골프중계를 보다가 우리 선수 OOO가 승리의 순간에 환호와 힘찬 박수소리에 그 식당 홀에 식사를 즐기는 분들도 함께 박수를 했었지. 아! 자네는 보면서 인생무상이라 했었다."

영석이는 내 홀인원 증인이다. 우진, 호정이는 벌써 우리 곁을 떠났고 영석이가 마지막 증인이었다. 오랜 세월이 흘렀지만 예성골프장 라운드에서 함께하던 13번 홀, 홀인원할 때가 기억난다. 거리가 119미터 티박스 아래에 풍당 연못, 그린 아래 벙커는 누구나 쇼트홀이지만 신경쓰이는 마의 13번 홀에서 홀인원은 꿈도 못 꾸는데 마침 티박스에서 친 공이 핀 근처로 세 개가 접근하였다. 공을 치고 고개도 들지 않았는데 땡그랑 소리가 났다. 공은 보이지 않고 친구들은 13반기를 맞은 것 같다며 모두들 고개를 갸우뚱했지만 김 캐디는 그린으로 갔다. 13번 기를 뽑기 전에 미스 김이 "가까이 오세요. 제가 기를 뽑을 때 공을 확인하세요." 했다. 그 기를 뽑으니 찰그랑 소리가 들렸고 영석이가 관리소 감독을 오게 했다. 입회 하에 공을 꺼내서 보니 타이츠트리스트 4번이 확인되었다. 친구들이 '경홍이, 홀인원! 홀인원! 홀인원!' 외쳐서 인근에 골퍼들이 박수로 축하를 했다. 그날 골퍼들의 간식비는 내가 모두 부담했었다.

며칠 전 후배 봉신이가 "형님, 홀인원 기념향나무가 커졌고 형님들 기다리고 있어요." 하니 내 즐거웠던 추억을 회상케 하였다.

"영석아 너는 우진, 호정이와 천국 골프장에서 골프를 즐기고 있어라. 나도 갈 날이 얼마 안 남은 것 같다. 마지막 증인이 떠났으니 나는 우리 집 거실 진열장에 홀인원 트로피를 볼 때마다 너희들의 우정을 그려 외로움을 달래 보겠다."

"친구들 만나거든 내 안부전해라. 우리는 모두 하나님이 주신 시한이 있으니 곧 만날 날이 올 거다. 그리고 자네 집 진열장에 많은 트로피, 롱기스트패, 니얼니스트패, 우승패들을 자식들이 나누어가져 만능 스포츠맨이었던 아버지를 기억하라고 했다. 너희 아들 성우를 가끔 만날 거야. 거기서 만나자."

 영석아 자낸 인생을 즐기면서 멋지게 살았다. 내 홀인원 마지막 증인 잘 가라. 세상사는 동안 넌 참 좋은 친구였다.

발문

수필가 명의로 오래 기억될 삶 천착
- 전경홍의 수필 세계

정 종 명(소설가 · 한국문인협회 25대 이사장)

문학은 현실이다. 작가들은 작품 속에 시대성을 담으려고 노력하고 있다. 타 장르에 비해 수필은 시대성이 부족하지만, 수필도 당대의 세계와 끊임없이 소통해야 한다.

전경홍 수필가의 작품은 시대를 반영하며, 그것이 긍정적인 변화로 실현되도록 독려하고 있다. 가족계획의 변천사를 살펴보면서 산아제한 때문에 현재 우리나라가 처한 상태를 안타까워하는 마음이 〈가족계획〉에 잘 드러나 있다.

인구감축에 성공한 이후 국가경제는 성장했지만 다시 아이들 양육비, 교육비, 주택문제 등으로 인해 이제는 저출산이 문제가 되고 있다. 노령인구의 가속화로 노동인구의 감소가 우려스럽다. 국가가 적극적으로 대책을 시행해야 한다. 가족사랑의 날 등 아빠의 육아참여와 여러 가지 출산 장려의 혜택을 주고 결혼에 대한 긍정적인 인식확산에 많은 도움을 주는 일자리를 마련하면 결혼은 증가하고 노동문제도 해결될 것이지만 여건이 모두 어렵다.

-〈가족계획〉의 끝부분

예비군교육장에서 가족계획을 잘해 가정이 부유해지면 나라도 잘 사는 나라가 된다는 역설에 전경홍 수필가도 동참했고, 그 때의 일을 생각하면 지금도 마음이 무겁다고 피력하면서 전경홍 수필가는 가족계획은 정부주도보다는 자녀를 양육할 수 있는 자기 능력에 따라 자율적으로 해야 된다는 주장을 펼친다.

2015년 현재 우리나라의 출산율은 1.26명이다. 세계 224개국 중에서 219위, OECD 국가 중에서는 꼴찌라고 한다. 이 심각한 상황을 극복하기 위해선 출산장려 운동을 적극적으로 펴야 한다.

수필은 곧 작가의 삶이다. 우리의 삶은 끊임없는 체험의 연속이다. 수필가에게 체험의 중요성은 수필쓰기의 1순위이다. 자신의 체험을 바탕으로 그 체험을 문학적으로 형상화시키기 때문에 더욱 중요하다. 전경홍 수필가는 수필가이기 전에 의사로서의 삶을 살고 있다. 그의 작품세계에는 투철한 직업의식으로 일관된 내용들이 자리하고 있다. 수필가가 한 편의 작품에서 이루는 표현은 객관화의 과정을 거쳐야 한다.

"원장님, 오랜만에 뵙겠습니다. 예전 모습 그대로이시네요. 세월이 지나도 선생님의 은혜는 잊지 않고 있습니다. 우리 창원이가 1980년 9월 15일에 뇌막염으로 죽을 줄 알았는데 원장님 덕분에 살아나 이렇게 건강하게 성장했습니다. 얘가 ○○대 □대학원 미술과를 졸업하고 지금은 대구에서 미술학원을 경영하고 있습니다. 며칠 전에 결혼식을 올리고 생명의 은인이신 원장님께 큰절을 하러 왔습니다."

그러더니 정말로 큰절을 하려고 일어섰다. 그냥 앉으라고 애써 만류해 보았지만 막무가내다. 결국 집사람과 함께 큰절을 받고 말았다. 너무나 기뻐서 좀 전에 추위에 움츠려졌던 몸이 확 풀어지는 듯했다. 서글펐던 마음도 사라졌다.

오랫동안 환자를 진료하다 보면 굳이 명의가 아니더라도 종종 감사의 인사를 받기 마련이다. 하지만 이렇게 정중하게 인사 받기는 처음이다. 뿐만 아니라 청색, 홍색보자기에 싼 이바지 음식까지 가져와 펴 놓고 정종까지 따라가면서 상객 모시듯 권하는 게 아닌가.

솔직히 말해 처음에는 기억이 잘 나질 않았다. 그래서 "까맣게 잊었던 일인데 찾아주셔서 감사하다."고 말했더니, 노신사는 "은혜를 베푼 사람은 잊어도 은혜를 입은 사람은 평생 잊을 수가 없습니다. 늘 마음에 애가 결혼하면 아들 내외를 데리고 원장님께 인사 드려야겠다고 생각했습니다. 이제 20여 년 동안 진 빚을 갚는 듯 마음이 후련합니다." 라고 답한다.

- 〈까맣게 잊었는데〉의 일부분

노신사와 신혼부부의 방문을 받고 깜짝 놀란다. 뇌막염에 걸린 환자를 살려준 적이 있었다. 너무 오래 되어서 까맣게 잊고 있었다. 의사가 되기 위해서는 '히포크라테스 선서'를 한다. 의사의 윤리 등에 대한 선서이다. 의사로서 최선을 다했을 뿐인데 잊지 않고 찾아와 준 환자 가족 때문에 오히려 큰 깨달음을 얻는다.

요즘 대부분의 사람들이 생각하기를 의사는 청진기나 갖다 대고 진찰하면서 떼돈을 버는 직업이라고 생각한다. 진료 뒤에 진료비를 냈으니 당연하다고 생각한다. 하지만 의사들은 환자의 생명을 다루는 직업이기 때문에 환자의 생명은 곧 내 생명이라고 생각하며 진료에 임한다. 히포크라테스 선서문에 더욱 충실하며 명의보다는 양의로서 환자들에게 기억되기를 바랄 뿐이다. 까맣게 잊고 있었던 일인데 보호자가 감사의 눈물을 흘리며 떠나던 모습이 생생하게 떠오른다.

명식이 어머니가 과거에 맏아들이 사경을 헤맬 때 내 손길을 통하여 소생한 것을 고맙게 여겨 오랫동안 간직한 마음도 송이향과 같다. 명식이 어머니뿐 아니라 세상에는 이곳저곳 숨겨진 송이향기 같은 사람이 있어서 은혜를 알고 감사하며 인정이 넘치는 사회가 되었으면 한다.

오늘 선물은 낙락장송 밑에서 송이버섯을 따고 또 밤나무 아래서 알밤을 줍고 홍시를 함께 먹던 개구쟁이들도 만나게 했다. 근래에 과학영농 기술보급으로 재배한 양송이, 표고버섯 등을 자주 먹게 되는데 나는 송이향과 맛이 그리웠었다. 명식이 아버지가 보낸 송이버섯이 나에게는 최고의 선물이었다. 솔향기 짙고 우수한 품질로 먹음직한 송이버섯은 수십 성상을 우뚝 서서 인고(忍苦)의 세월을 보낸 육송(陸松)에서 생산되니, 나도 30여 년의 향민 진료에 경험과 꾸준한 학구열로 최선을 다함으로 향민들에게나마 송이향기 같은 의사로 기억되기를 바란다.

-〈송이버섯 향기〉의 끝부분

'글은 곧 그 사람'이라고 한다. 꾸미거나 과장되지 않은 글을 통해 전경홍 수필가의 진실성을 느낄 수 있다. 우리는 살아가면서 어떻게 사는 것이 잘 사는 것이고 보람 있는 삶인지 끊임없이 고민한다.

은혜를 모르는 사람은 행복할 수 없다. '은혜 갚은 호랑이' '은혜 갚은 까치' '은혜 갚은 제비' 등을 통해 알 수 있듯이 짐승들도 은혜를 갚는다.

사경을 헤맬 때 고쳐 준 것을 고맙게 생각한 환자가 답례로 송이버섯을 보내왔다. 전경홍 수필가는 송이버섯에서 풍기는 향기처럼 향민들에게 최선을 다해 진료를 해야겠다고 새삼 다짐을 한다.

사회적인 독버섯은 구별하기가 어려워 지혜가 필요하다. 송이버섯은 수수한 모양과 빛깔로 별 매력은 없지만 영양분이 충분해 건강에 도움이 된다. 모든 의료인들이 송이버섯처럼 향기로운 사람이 되었으면 좋겠다는 생각을 하는 전경홍 수필가의 직업의식이 잘 드러나는 작품이다.

좋은 수필은 삶에 대한 깊은 통찰력이 있는 글이다. 보편성을 가졌으면서도 절제된 감성과 신선함이 돋보여야 한다. 수필은 수사가 아니라 진정성이 있어야 힘 있는 글이 된다.

전경홍 수필가의 수필집《할 말은 많은데》상재를 축하한다. 의사로서의 삶 위에 문학적 열정이 곁들여져, 수필가로서의 삶도 더욱 알차고 풍성해지기를 기원한다.

■서평

두꺼비, 끝까지 달리다

정 재 찬[1]

　예부터 글은 곧 그 사람이라 했다. 글을 쓰는 이들에게는 경계(警戒)의 뜻으로 삼아야 할 말이지만, 글이란 시공을 초월해 저자를 만나게 해 준다는 뜻이니 독자의 편에서는 반가운 말이 아닐 수 없다. 허나 이 책을 읽고 평(評)을 달아야 하는 나로서는 저 말이 참으로 곤혹스럽기 짝이 없다. 글도 알고, 그 글을 쓴 사람도 알면, 평을 하는 데 그보다 더 좋을 것이 없을 것 같지만, 웬걸, 저자를 외삼촌으로 둔, 무려 쉰 해가 넘도록 사랑과 은혜를 받기만 해 온 조카 녀석이 그의 글에 대해, 그 글로 전해지는 그 사람됨에 대해 감히 뭐라 말할 수 있단 말인가.

---
[1] 한양대학교 국어교육과 교수 / 한국문학교육학회장

다만 그의 필력(筆力)이 그의 생(生)을 온전히 담아내기에는 부족해 보인다는 점, 작가의 측면에서는 그 점이 안타깝겠지만 비평가의 편에 서게 된 나에겐 얼마나 다행한 일인지 모른다. 글이 미처 담아내지 못한, 내가 아는 외삼촌의 진면목을 조금은 더 밝힐 수 있을 테니 말이다.

저자 전경홍은 크리스천이요, 의사요, 수필가이다. 이 순서는 그의 전 생애에 걸쳐 그 각각이 이루어진 시간에 따른 순서일 뿐만 아니라 그 자신의 마음 속 우선순위이기도 할 것이라 나는 믿는다. 짓궂은 질문이랍시고 이 셋 중 한 가지만 고르라면 무엇을 택하겠느냐 그에게 물으면, 도리어 묻는 이가 이내 머쓱해지고 말 것이다. 일말의 망설임도 없이 그는 크리스천을 택할 것이기 때문이다. 하나님의 전적인 은혜와 강권적인 명령이 아니고서는 그가 의사가 된 것을 설명할 길이 없다고, 적어도 그 자신은 평생 그렇게 확신하며 살아왔다.

그렇다면 이 장로(長老) 의사(醫師) 선생님께서 굳이 수필가(隨筆家)까지 되고자 함은 무슨 뜻이었을까. 넘치는 그 두 가지 은혜로도 만족할 수 없었던 목마름의 정체는 무엇일까. 인정(認定)에 대한 욕구, 명망(名望)에 대한 희구라면 글쓰기보다 더 쉽고 넓은 길이 도처에 널려 있다. 뒤늦게 찾아 온 작가적, 예술가적 욕망? 그의 평소 성정(性情)이나 글의 면모로 보건대 그 또한 영 어울리지가 않는다. 궁금했다. 그것이 이번 선집을 읽는 관전 포인트 중의 하나가 되었다.

전편을 훑어보고 나자 의문은 쉽게 풀렸다, 라고 나는 생각한다. 그의 작품은 서정적 혹은 감상적 취향과는 거리가 멀었다. 그의 글은 대부분 일종의 증언(證言)이었고 교술성(敎述性)이 강했다. 그래, 그는 뭔가를 전하고 가르치고 싶었던 것이다. 글이야말로 도(道)를 전하는 가장 오래된 수단이 아니던가. 혼자 알고, 혼자 경험하고 내버려둘 수 없었던 삶의 체험과 깨달음들, 그는 그걸 수필의 형태로 세상에 전하고 가르치고 싶었던 것이라 나는 짐작한다.

> 예수께서 온 갈릴리에 두루 다니사 그들의 회당에서 가르치시며 천국 복음을 전파하시며 백성 중의 모든 병과 모든 약한 것을 고치시니
> (마태복음 4:23)

예수의 공생애는 세 가지 업(業), 곧 가르치는(Teaching) 교사(敎師), 전파하는(Preaching) 목사(牧師), 병을 고치는(Healing) 의사(醫師)로 요약할 수 있지 않겠는가. 따라서 예수를 닮는 것이 평생 소망인 자라면, 병원의 의사로서 사람을 고치고, 교회의 장로로서 복음을 전파하는 것에 더해, 수필을 통한 교사로서 진리를 가르치고 싶

지 않았겠는가. 의식적이든 무의식적이든 그의 선택은 이런 관점에서 이해됨 직하다.

실제로 그의 수필은 크리스천으로서의 체험이나 간증, 교훈과 관련된 내용이 가장 많고, 그 다음을 의사로서의 체험이 차지하고 있다. 세태나 현실에 대한 발언도 대부분 이 두 입장과 자주 연관된다. 그런데 의사로서의 체험도 많은 경우 간증적 체험과 결부되어 있는 바, 역시 이번 수필집의 핵심은 크리스천 의사로서의 체험과 깨달음을 전하고 나누고자 하는 데에서 찾아야 할 것이다.

그 대표적인 예가 〈거기서 만나요〉다. 이 작품은 친형의 절친 태경이 형의 이야기를 다루고 있다. 노인이 되어 다시 만난 태경이 형의 부인. 보자마자 두 사람은 눈물부터 났다. 그러고는 드라마의 회상 장면처럼 어느 새 기억은 30년 전으로 거슬러 올라간다. 그날 태경이 형은 하혈로 인해 의식 불명 상태로 떨어져가고 있었다. 의사로서 저자는 최선을 다해 응급조치를 한 뒤, 백여 리 떨어진 안동의 큰 병원을 향해 비상등을 켜고 달렸다. 친형과 부인은 환자의 의식이 꺼져가지 않도록 합심하여 애쓰는 가운데 저자는 "하나님 믿사오니 살려주세요."라며 눈물의 기도를 쉬지 않았다.

하늘을 감동시킨 것일까. 태경 형이 살아났다. 하지만 고비만 넘겼을 뿐, 직장암 판정의 소견서를 받아들여야 했다. 치료는 불가능했고 희망은 가뭇없이 사라졌다. 한데, 퇴원 후 태경 형의 반응은 예상 밖이었다.

태경 형은 빙그레 미소를 지으며 여유 있는 표정으로 "원장 덕분에 내가 살았네, 고마워." 그리고는 "원장 하나 물어 보세! 안동 갈 때 내 귀에 '하나님' 하는 원장의 목소리가 몇 번 들렸는데 하늘에서 하얀 줄이 자꾸 내 입속으로 들어오면서 내 가슴이 시원해 눈을 뜰 수가 있었어. 나하고 안사람은 불신자인데 하나님이 흰줄을 내 입에 넣어 준 것 같은데 하나님을 믿을 수도 없고 마음에 갈등이 생기네. 어떻게 하지?"

묻노니, 태경이 형의 소생(蘇生)은 의사로서의 저자 덕분인가, 크리스천으로서의 기도 덕분인가. "원장 덕분에 내가 살았네."도 사실이지만, "하나님이 흰줄을 내 입에 넣어 준 것"도 사실이 아닐까. 까짓것 잠시의 소생이야 원장님 덕분이라 해도 되겠지만, 그날 이후 병상세례도 받고 신앙고백도 마친 태경이 형이 세상을 떠나던 날의 이야기는 어찌 이해해야 할 것인가.

그 후 우리 형님으로부터 속히 태경이 집에 오라는 전화를 받았다. 벌써 충현교회 김 목사님과 장로님, 형님, 그의 가족이 나를 기다리고 있었다. 환자는 손을 들어 가냘픈 목소리로 "저 문 앞에 흰옷을 입은 천사 두 분이 아침부터 기다리고 계시네."라고 하는 것이었다. 아주머니 눈에는 보이지 않지만, 몸을 깨끗이 씻기고 흰옷을 입혀 달라고 재촉을 해서 그리 해드렸다고 한다.

영생(永生)은 의사의 몫을 넘어서는 자리. 예수 믿는 의사가 이런 글을 안 쓰면 누가 쓰겠는가. 허나 자기 자신의 간증은 과하기 쉬운 법, 저자는 관찰자의 시점에서 신이 역사하는 장면을 바라보며 대언할 따름이다. 신뢰는 진실을 낳고 진실은 다시 신뢰를 얻는 이치가 이와 같다.

그런가 하면, 〈명예욕〉은 반면교사 같은 교훈을 준다. 친형의 도움으로 광산업에 성공한 태경이 형처럼 〈명예욕〉의 H도 예식장을 경영하고 새마을 운동에 힘쓰며 도의원에 당선되기까지 한, 성공적인 인생을 살아온 사람이다. 병마에 휩싸였다가 소생한 것도 어슷비슷하다 할 수 있다. 하지만 끝이 달랐다. 병상에 누운 채, H는 저자를 찾았다.

H의 부인은 "원장님 여기까지 오시게 해서 험한 꼴을 보여드려서 죄송합니다. 여보, 원장님 오셨어요. 눈 좀 떠 봐요." 흔들어 깨웠다. H도

의원은 겨우 눈을 뜨더니 "아이고 형님, 형님 제가 이렇게 죽게 되었습니다. 이곳이 큰 병원인데도 나를 고쳐주지 못하니 형님이 전처럼 고쳐주세요." 하면서 눈물을 쏟았다.

"왜 이렇게 되었는가? 도의원 명예도 좋지만…"

"사람들에게 환심을 사기 위해 유권자들 표를 얻으려고 한없이 술을 마셨지요. 내가 봉사단체 회장 때에도 일차, 이차, 삼차, 사차까지 술을 마셨지요. 술을 마시는데 나를 당할 사람이 없었잖아요. (중략) 이 모든 것이 나의 명예욕이였네요. 그저 결혼예식장이 잘되니 그것만 가지고 살아갈 수 있었는데 명예욕 때문에 건강을 잃고 아직도 더 살아야 하는데 곧 죽겠습니다. 형님 나를 데려가서 살려주세요."

저자의 눈에 삶보다 더욱 중요한 것은 죽음이다. 아니, 죽음까지도 삶이다. 한마디로 잘 살고 잘 죽어야 정말 잘 산 것이다. 세속적으로 성공한 삶이든, 힘겹게 산 삶이든, 죽어야 끝이 나는 게 인생살이다. 어떻게 살다 어떻게 죽을 것인가. 진폐증으로 고생하는 산재병동의 친구를 찾아갔다 돌아오는 길, 〈시한부 인생〉이란 글에서 저자는 이렇게 단언한다.

이곳에 왔다가 돌아갈 때마다 몹시 안타깝기 이를 데 없다. 병원 정원의 국화향기는 그윽한데, 불어오는 찬바람에 낙엽들이 우수수 나뭇

가지를 떠나고 있다.

"내가 언제까지 자네를 만날 수 있을까." 힘없이 말하던 친구의 목소리가 그 낙엽에 묻어 함께 떨어진다. 진폐 병동 시한부 인생, 환자들의 신음 소리는 내게 더없는 고통의 소리로 다가왔다.

이 지구상에 모든 생명의 주인은 창조주 하나님이시다. 모든 인류 중에는 영생하는 사람은 없다. 하나님이 부르시면 이 세상을 떠나야 한다. 그러므로 모든 인간은 시한부 인생이라는 것을 아는 사람이 지혜로운 사람들이다.

생사관(生死觀)이 이러하거늘 속세의 무엇이 두렵고 무엇에 연연하겠는가. 하지만 생각이 그렇지 실천은 그리 쉬운 것이 아님을 우리는 안다. 극단적인 예로, 말이 그렇지 순교(殉敎)가 어찌 쉽겠는가.

헌데 직접적인 자기 신앙 간증은 아끼던 저자가 꽤 드라마틱하게 순교의 현장을 회고한 글이 하나 있다. 〈건배〉라는 글은 아주 심각한 유머에 해당한다.

전두환 대통령 시절, 권력의 서슬이 푸르기만 하던 그때, 만찬석에서 대통령과 마주하게 되는 일이 벌어졌다. 그는 참석자에게 하사주를 일일이 따라주었다. 오, 신이시여, 어찌하오리까.

기로의 순간, 저자는 술잔을 거부했다. 이땐 장로도 아니고 집사였다. 예수님도 뱀처럼 지혜로우라고 하지 않으셨던가. 술 한 잔쯤이야 가이샤의 것은 가이샤에게 주는 꼴로 인심 좀 쓰면 되지 않겠는가.

전 대통령의 눈빛이 번득이더니 맥주병을 탁 소리가 나도록 내려놓으며 "허허 지금까지 내가 따라주는 술을 거부한 사람이 없었는데." 하는 소리가 강한 어조에 갑자기 장내는 쥐죽은 듯 조용해졌고 그때에 어디서 왔는지 덩치 큰 경호원 한 사람이 내 곁에 다가섰다. 마치 전 대통령의 명령을 기다리는 듯하여 내 몸이 섬뜩하고 무슨 일이 일어 날 것 같아 두려웠고 온몸이 오그라지는 듯 긴장되어 전 대통령의 눈을 피하려고 고개를 숙이고 있는데, 내가 술을 마시지 않는 것을 알고 있는 군수도 어서 받으라는 손짓을 계속 했다.

그 순간 전 대통령은 태연스럽게 부드러운 목소리로 "여러분 보세요. 예수를 믿으려면 이렇게 개성 있게 믿어야 합니다. 우리 전씨는 개성이 뚜렷합니다. 나도 개성 있게 나라를 통치하겠습니다. 하하하."

물론 전두환은 전(全)씨이고 저자는 전(錢)씨이지만 이런 전설 따라 삼천리 같은 이야기에서 그런 시시비비는 가리지 말자. 여하튼 전두환은 행사가 끝나고 웃는 얼굴로 다가와 "나도 다니엘을 압니다."라며 손을 잡아주었다는 이야기로 이 전설은 끝이 났다. 그렇다. 저자는 사자굴에 들어갈지언정 하나님을 섬긴 다니엘, 사자들도 범치 못했던 다니엘이었던 것이다.

 신앙의 자리와 별개로 의사의 기쁨과 보람 따위를 다룬 수필도 적지 않다. 그 중에서도 눈여겨 볼 작품으로는 〈까맣게 잊었는데〉와 〈위 내시경의 달인〉을 들고 싶다.
 〈까맣게 잊었는데〉는 어느 날 불쑥 찾아온 노신사와 한복을 곱게 차려입은 젊은 부부 이야기를 다루고 있다. 아무리 만류를 해도 한사코 그 젊은 부부들에게 저자의 내외를 향해 큰절을 시키는 노신사. 저자의 말대로 "오랫동안 환자를 진료하다 보면 굳이 명의가 아니더라도 종종 감사의 인사를 받기 마련"이지만 "청색, 홍색보자기에 싼 이바지 음식까지 가져와 펴놓고 정종까지 따라가면서 상객 모시듯" 정중하게 인사를 받기는 처음이다.

 솔직히 말해 처음에는 기억이 잘 나질 않았다. 그래서 "까맣게 잊었던 일인데 찾아주서서 감사하다."고 말했더니, 노신사는 "은혜를 베푼 사람은 잊어도 은혜를 입은 사람은 평생 잊을 수가 없습니다. 늘 마음에 애가 결혼하면 아들 내외를 데리고 원장님께 인사를 드려야겠다고 생각했습니다. 이제 20여 년 동안 진 빚을 갚는 듯 마음이 후련합니다."라고 답한다.

의사하는 맛과 멋 가운데 이보다 더 좋은 경우가 흔하지는 않을 것이다. 이들을 환송하고 나서 저자는 기억을 더듬는다. 그러자 20년 전의 그날이 선연히 떠올랐다.

나로서는 감당키 어렵다고 판단했다. 급한 상황이라 내 승용차에 환자를 태우고 비상등을 켠 채 경적을 울리며 안전속도도 무시해가면서 가까운 안동○○병원으로 후송하였다. 아이의 상태는 더 악화되어 구토와 설사를 해대니 차안은 온통 악취로 숨이 막힐 것 같았다. 동작이 빠른 우리 운전기사가 자기 아들인양 애를 안고 응급실로 달려 들어갔다. (중략)

아이 아버지는 창백해진 얼굴로 뭔가를 각오한 듯이 입을 열었다.

"객지에서 아이를 죽일 수는 없습니다. 고향 가까운 점촌으로 가서 죽든지 살든지 원장님께 맡기겠습니다." (중략)

나는 아이 치료를 위해 밤낮 병실을 드나들며 정성을 쏟았다. 혹시 아들을 잃게 되면 어쩌나 하는 아버지의 심정으로 최선을 다하였고 결과는 하나님께 맡겼다. 그리고 천만다행으로 아이는 완전히 회복되었다.

자신의 고향인 지방 소도시에서 개업의 생활을 한다는 것은 보람도 크지만 부담도 큰일이다. 이럴 땐 정직한 판단이 우선. 감당할 수 없는 환자는 감당하지 않는 것이 의료적으로나 윤리적으로 옳다. 그러나 그것이 회피나 방치와 같을 수는 없는 노릇이다. 이 책을 한번이라도 훑어본 독자라면 알 것이다. 수시로 앰뷸런스를 자처하며 저자는 환자 호송을 끝까지 함께 해 왔다는 것을. 그러고도 자신이 맡게 된 환자는 아들처럼, 아버지의 심정으로 최선을 다했다. 환자에 대한 사랑과 의무, 그것이 의사로서 보람을 갖게 된 첫 번째 비결이었다면, 두 번째는 헌신이었다. 지방 소도시에서 그만큼 위 내시경을 많이 한 의사가 드문 것으로 들었거니와, 이번 수필 〈위 내시경의 달인〉을 읽어보니 그것은 환자의 고통을 몸소 체험하고자 한 그의 헌신에서 비롯된 것임을 알 수 있었다.

김 교수가 다가와 "오늘 고생을 하시겠습니다. 무통 위 내시경으로 하시면 좋으실 텐데." 걱정하는 눈치다. 하지만 나는 환자들의 고통을 체험하는 기회니 인내할 각오를 했다. (중략) 복부가 찢어지는 듯 한 압통으로 온 몸이 땀으로 젖어 왔다. 다시 전정부로 나오니 노년에 흔히 보이는 위축성 위염이 보였다. 완전한 진단을 위하여 조직검사를 하겠다고 하여 눈을 껌벅이며 동의를 표시했다. 곧 위축성 위염 부위에 조직을 떼어내자 점상 출혈이 보여 마음이 이상야릇했다. (중략) 그간 힘겹게 참았던 구역질이 나며 눈물, 콧물, 침이 마구 쏟아져 나와 체면이 말이 아니었다.

고통 앞에서 의사라고 대수이랴. 그렇다. 저자는 참 인간적이다. 이 글에서 스스로도 밝혔듯이 그는 "체격에 비해 소심하고 눈은 작은데 겁이 많은" 편이다. 그런데 그래서 더욱 그에게 신뢰가 간다. 그런 사람이 의술을 베풀고 순교를 각오하니 말이다.

그의 인간적 면모에 대해 더 자세히 언급할 여유는 없다. 현숙한 아내, 헌신적인 지어미의 사랑하는 남편으로서, 쌍둥이를 포함해 네 자녀를 사회의 역군으로 잘 키운 아버지로서, 그리고 의사고시를 눈앞에 둔 처지라 가족들이 알리지를 않은 바람에 임종은커녕 장례에도 참석치 못해 두고두고 한이 맺힌 홀어머니의 효자 아들로서, 위 아래 형제자매의 대소사를 두루 챙기며 동기간 사랑을 끔찍이 여겼던 내 둘째 외삼촌으로서 그가 살아온 인생에 대해 하고픈 말은 태산이지만, 예가 그런 말 할 자리는 아닌 줄 안다. 다만 저자의 입을 빌어 〈허공에 날린 유언〉에서 그 스스로 정리한 그의 생애를 다시 한 번 옮겨볼 따름이다.

"여보! 내 평생의 동반자로 내조를 잘해 주었고 희생적인 봉사와 사랑에 보답 못하고 떠나 미안하오. 내 장례는 김 목사 집례로 교회 장으로 하시오. 내 일생은 의사, 외래교수, 장로, 봉사단체회원, 수필가로 다양하게 살았소. 소외되거나 외롭지 않았고 더불어 살아 세상에 대한 원망이나 미련이 없소. 사랑하는 자녀 손들아 의좋게 지내는 것에 만족한다. 계속 그렇게… 유산이 별로 없는 것을 서운하게 생각지 말라. 너희가 알고 있지만 나름대로 인술을 베풀며 살려고 했지 물질에 대한 욕망이 없었다. 너희들도 근검절약하고 자주 자립하여 살아다오. 너희들 어머니를 잘 보살펴드려라. 전할 길 없어 유언을 허공이나마 날려 보낸다. 하나님! 부족하지만 저의 영혼을 받아주시고 유족들을 위로하여 주소서."

이제 마무리할 차례다. 사실, 그의 작품 가운데서 개인적으로 제일 마음에 들었던 것은 〈두껍아 어디 가니〉였다. 거기에 내가 미처 알지 못했던, 하지만 읽고 나서야 비로소, "아, 맞아. 저 모습이 우리 삼촌이야!"라고 느꼈던 저자의 진면목이 담겨 있었기 때문이다.

　　나는 그날도 운동장에 모인 많은 관중들 앞에서 꼴찌라 부끄러웠다. 운동회가 싫다는 생각이 더욱더 났다. 자책하며 갈등과 열등감으로 고개를 숙인 채 집으로 오는데 동네 아이들이 몰려왔다.
　　"두껍아 어디 가니, 어디 가니. 느림보야 빨리 가라?" 하며 놀려댔다.

거세게 항거하니 신이 나는 듯 더욱 심하게 놀려 나는 분을 참지 못하여 울음을 터뜨렸다. 그들은 계속 두껍아 어디 가니? 느림보 빨리 가라면서 공원 쪽으로 몰려갔다. 지금도 그 장면이 눈에 선하다. (중략) 길가에 쇠파리 떼가 우글거리는 것이 보였다. 자세히 보니 그 속에 왕두꺼비가 공격 자세로 앉아 혀를 날름거리며 파리 사냥에 바빠 보였다. (중략)

그날부터 나는 '두꺼비가 비록 느리지만 파리를 잽싸게 사냥하는 것은 천부적인 재능이다. 개구쟁이들이 나를 미련하게 보지만 그것은 내가 운동 신경이 둔하여 순발력이 부족한 것뿐이다. 저들보다 못한 것이 무엇이며 나도 재능을 발휘하여 너희들을 앞설 날이 올 것이다.' 라며 마음을 고쳐먹었다.

나는 외삼촌이 느리다고 생각한 적이 한 번도 없다. 외려 그는 항상 너무 부지런했고 너무 많은 일을 해 냈다. 하기야 내 기억 속의 외삼촌은 느린 두꺼비가 아니라 듬직하면서도 재빠른 두꺼비로 성장한 성인 이후의 모습뿐이니 그의 어린 시절이 이러했을 줄 어찌 상상이나 했겠는가. 이번에 이 글을 읽고 나서야 나는 콤플렉스라는 걸림돌이야말로 인간이 성장하는 디딤돌이라는 말의 참의미를 깨닫게 된 셈이다.

마음먹은 것은 우직할 정도로 성실하게, 끝을 볼 때까지 그는 파고 또 팠다. 그래서 끝내 그는 장로가 될 정도로 주를 섬겼고 교회에 봉사했다. 그래서 끝내 만학도로서 의사가 되었고 사랑과 헌신을 통해 지역사회의 명의가 되었다. 그래서 끝내 늦은 나이에 글을 쓰게 되어 수필가의 반열에 올랐고 심지어는 한국의사수필가협회의 회장직을 맡아 서울을 수시로 오가며 지금껏 열정적으로 활동하고 있다.

이러한 두꺼비 외삼촌이 어느덧 팔순이 되어 이렇게 수필집을 상재하시기에 이르렀다니 조카로서 자랑스럽기 그지없다. 감사하는 마음으로, 은혜를 조금이나마 갚고자 한 마음에서 쓴 이 글이 행여 이 귀한 수필집에 티가 되지나 않을지 걱정이 한 가득이다. 그래도 다만, 할 말은 하고 맺어야 하겠다.

외삼촌! 이제 글은 그만 쓰세요. 자녀랑 손주 손녀 걱정도 접으세요. 그 시간에 사랑하는 외숙모랑 여생을 더욱 복되게 보내세요. 크리스천 의사 수필가를 만든 진짜 주인공은 외숙모임을 제가 잘 알걸랑요. 외삼촌, 외숙모, 사랑하고 존경합니다. 감사합니다.

축하의 말

의창에 비친 문학의 꽃

박 지 연 (시인, 수필가, '착각의 시학' 주간)

전경홍 수필가를 알게 된 것은 종합문예지 〈한국문인〉지에 2003년 수필이 당선되어 편집실에서 작품을 오가며 의견을 나누는 계기가 되면서 시작되었다.

전경홍 수필가는 경북의 중도시에서 병원을 개원한 바쁜 일상에서 문학만을 고집할 형편이 아니었다. 전원장님은 학생 때부터 독서를 하면서 문학에 심취되어 한 때는 문학 소년이 되고 싶었으나 진로가 바뀌면서 문학의 꿈은 봄날의 아지랑이처럼 어른거린 채 멀리 사라져 갔다.

그러나 도시의 유지들이 모여 오랫동안 독서클럽을 운영하면서 다시 문학작품을 접하게 되고 아득하기만 하던 문학이 조금씩 다가왔다. 매일처럼 의창(醫窓)에 비친 갖가지 일들이 가슴에 가득 차오르는 이야기들을 쓰지 않고는 견딜 수 없어 드디어 수필을 써 등단하게 되었다.

전 원장님은 독실한 크리천이시다. 그 동안 뵌 적은 없지만 신앙을 논하고 문학을 오간지 어언 14년이 되었다.

〈시내산의 새벽〉에서 보면 믿음의 사람이라면 성지 순례가 해외여행의 일 순위였다. 그 바쁜 일상에 어떻게 시간을 냈는지 가파른 바위산을 낙타를 타라는 유혹을 물리치고 모세가 80세에 시내산을 오르듯 각국에서 모인 순례자들이 숨을 가쁘게 몰아쉬며 가파른 시내산을 오른 기쁨을 나눈다. 하산하면서 백발의 노인이 호흡 곤란으로 주저앉아 있는 모습을 보면서 그대로 지나치지 못한 의사로서의 따뜻한 인간적 면모를 본다.

그 파란만장했던 모세의 생애를 이야기하면서 하산했다. 그 삭막한 산하 모퉁이에 창백한 얼굴을 한 백발의 노파가 호흡곤란으로 주저앉아 있다. 응급상황이었다. 의사로서 그 고통을 공유하는 심정으로 '나는 의사입니다.' 하고 다가서니 옆에 서 있던 청년이 도와달라고 간청했다. 청진기가 꼭 필요한 시점인데 없으니 아쉬웠다.

〈화진포 별장의 단상〉에서는 초대 이승만 대통령의 별장을 보면서 갖가지 생각이 떠오른다. 동시대를 같이 살아온 사람이면 누구나 가슴 아픈 역사의 비극을 떠올리지 않을 수 없다. 너무도 초라한 별장의 모습이 그의 비운을 말하는 듯 했다. 전 국민의 존경을 받지 못하는 역사의 아이러니가 안타깝다.

이승만대통령의 공을 말하자면 '토지개혁'으로 근대적 자본가의 성장과 토대를 마련했고 토지개혁으로 인해 전통 지주계급을 몰락시켰으며 의무교육을 도입하여 대학과 고등교육기관을 육성하고 그 덕에 1959년 만 7세미만 아동의 96.3%가 초등학교에 입학해 문명퇴치의 큰 사업을 이루며 민주주의의 밑천이 마련되었다.

그러나 1952년 발췌개헌, 사사오입 개헌 등으로 헌법을 유린, 권력을 독점하고 1960년 3월 15일 부정선거에 시민들이 분노한 항의 시위에 계엄군은 폭력으로 제압, 많은 젊은이들의 희생이 따랐고 뒤이어 4월 19일 학생혁명을 일으키기에 이르렀다. 결국 이대통령은 하야를 선언하고 하와이로 망명의 길을 택한 불행한 대통령과 우리는 불행한 역사의 아픈 현장을 눈으로 바라보아야 했다.

우리는 왜 초대 대통령을 다 같이 존경할 수 없는가에 대한 질문을 통해 아픈 역사를 되돌아보고 있다.

이승만 대통령께 이강석 소위를 양자로 준 이기붕은 아주 다정한 가족관계로 영원히 지속되고 부귀와 영화도 영원하리라 믿었을 것이다.

하지만 장기 독재집권과 이기붕의 아부로 보필하던 결과는 패가망신이 되고 말았다. 이기붕 일가는 아들의 권총자살로 최후의 막을 내렸다. 그 시대를 같이 한 나는 그러한 역사가 되살아나 마음이 서글펐다. 3·15부정선거로 인한 4·19의거 이후 하와이로 망명의 길을 떠나 거기서 노환으로 별세하였다. 육신이 돌아와 국립묘지에 영면해야만 했던 불운한 대통령의 종말을 보았다.

〈도라산의 눈물〉을 보면 우리의 분단의 슬픔이 서려 있다. 지금도 북한은 36년 만에 열린 노동당 7차 당대회에서 핵포기 선언을 거부하고 국제사회의 지탄을 받으면서도 핵실험을 가속화하면서 공포정치를 하고 있는 현실이다.

6·25전쟁 때 그 많은 희생은 어디 갔는지 66년이 지난 지금까지 통일은 요원한 것처럼 민족의 비극이다.

우리 조국을 전쟁위기에서 구하기 위하여 많은 미국을 참전케 한 고마운 대통령이 아닌가. 인자해 보였다. 유엔군 참전비 앞에서 우리 일행은 잠시 묵념을 올렸다. 나는 문득 6·25전쟁 때 학도병에 자원 입대한 후 소식을 모르는 형이 생각 나 가슴이 아렸다. 그동안 어머님은 눈물의 세월을 보내시다가 영원히 형을 가슴에 묻으셨다. 6·25전쟁은 분명 김일성이 일으킨 남침인 것을 우리는 몸소 겪었기에 잘 알고 있다. 그런데 이 시대에 사는 젊은이들은 대부분 전혀 실감하지 못하는 것 같아 안타깝다.

〈군 폭력의 피해자〉를 읽으면 분단의 희생이 이만저만 아니다. 우리는 세계에서 유일한 분단국가다. 나라를 지키기 위해 젊은이들이 군에 입대한다. 그러나 총기사고, 구타사건 등으로 원활한 군생활을 수행하지 못하고 쓸데없이 아까운 아들들이 희생되는 사례가 우리 가슴을 아프게 한다. 이들은 나라의 보배들이요, 귀하디 귀한 우리들의 자식들이다. 군부 내에서 단단한 결속과 사고사건을 미연에 방지했다면 그러한 귀중한 우리의 아들들이 희생하지 않았을 것이다. 많은 제도를 손질하고 형제와 같은 사랑이 요구는 고발 작품이다.

사망자가 노파의 막내아들이었는데 군 생활 동안에 못된 상관에게 구타를 당한 흉터가 머리에 있다는 것이다. 몰지각한 상관에게 구타를 당하여 뇌손상을 입었고 그로 인해 간질병으로 고통스러운 나날을 보냈다. 급기야 성격변화를 가져왔고 술과 담배는 물론 도박에도 중독이 되었다. 결국 자폭 자살로 그는 생을 마감했던 것이다. 청년의 고통스러운 삶을 듣고 있으려니 가슴이 몹시 쓰리고 아팠다.

〈까치 가족의 수난〉에서 전 원장님의 여리고 인정 넘치는 면모를 볼 수 있다. 옛날에는 까치는 길조로 우리는 좋은 소식을 가져다준다는 믿음으로 기다리던 까치였다. 그렇게 우리와 친숙하던 까치가 개체수가 늘어나고 생활에 불편을 주는 유해조류가 되었다. 전신주에 둥지를 틀고 까치가족들이 모여 있으면 이제는 예쁘게 만 볼 수 없는 사고의 원인이 되기 때문에 그 둥지를 제거하는 과정에서 새끼들이 떨어져 죽기도 하고 가족이 흩어져 수난을 당하고 새끼를 찾는 울부짖음을 안타까워하는 전 원장님의 심경이 드러나 있다.

나는 할 말이 없었다. 지나가던 사람들도 피투성이가 되어 죽어가는 까치 새끼들을 보면서 한마디씩 하며 얼굴을 찡그렸다.
그날 이후 우리 집 3층에서 건너다보이는 까치 가족의 둥지 자리에는 내 눈에 낯선 바람개비가 때때로 돌아가고 있어 창가를 외면하려고 해도 자꾸 돌아보게 된다. 까치는 조석으로 날아와서 전주 주위를 맴돌며 까악, 까악 새끼들을 찾는 애끓는 울음소리에 내 마음도 슬퍼진다. 만약 말이 통해 속 시원히 알려준다면 포기하고 가슴에 묻을 것인데 몹시 안타깝다.

〈할 말은 많은데〉 이 작품은 오랫동안 단골환자의 안타까운 사연이다. 심혈관 환자로 전문병원에서 치료를 받도록 권유하던 환자다. 할머니가 집에서 쓰러지자 할아버지는 병원을 먼저 갈 생각을 하지 않고 노인대학에서 배운 수지침을 놓고 기대했으나 회복이 되지 않아 병원에 문의를 하고 안동병원에 이송시키고 검사를 하는 과정에서 마의 3시간을 초과해 뇌경색으로 뇌세포가 파괴되어 하반신도 회복이 불가능했다. 환자들에게 경각심을 주는 시간이다.

할아버지도 전립선을 치료 중 할머니가 쓰러진 것이다. 할머니를 간호하는 사이 할아버지의 전립선암도 악화되어 전이되고 말았다. 두 분을 오랫동안 진료하던 노부부의 절망적인 모습을 보며 할 말을 잃었다. 두 부부는 동네서 유명할 정도로 잉꼬부부였으나 두 분 다 병이 깊어 서로 마주 해도 말 한마디 못하고 있는 모습이 더욱 안타까웠다. 가족 같던 환자들이기 때문이다.

전 원장님은 생애의 늦은 시점에 등단을 했지만 어떤 이슈가 있을 때마다 놓치지 않고 꾸준히 열정을 다 하여 글을 쓰는 작가이다.

전 원장님은 그분이 태어난 고장에서 병원을 운영하면서 환자가 모두 형제요, 친척이요, 동창이요, 친구의 아들이고 형이고 이웃이라 어려운 환자에게는 인술을 베풀어 많은 사람들로부터 존경과 사랑을 받으며 도시의 어른으로 봉사해 왔다.

또한 기독교 장로님으로 이웃을 위해 기도하고 사랑이 많으신 참 크리천이시다. 고장의 자랑이요, 의사 선생님이신 수필가 전경홍 원장님의 첫 수필집 상재를 진심으로 축하드립니다.

백송 전경홍 수필집

할 말은 많은데

1쇄 인쇄/ 2016년 6월 5일
1쇄 발행/ 2016년 6월 15일

지은이/ 전경홍
펴낸이/ 김주안
펴낸곳/ **도서출판 진실한 사람들**
주소/ 서울시 종로구 삼일대로 457, 수운회관 713호(경운동)
Tel/ 02-730-3046~7
Fax/ 02-730-3048
E-mail/ munvi22@hanmail.net
Home Page / http://cafe.daum.net/VisionLiterary/Arts
등록번호/ 제300-2003-210호
ISBN/ 978-89-91905-65-8

값 13,000원

잘못된 책은 바꿔 드립니다.
저자와 협의 하에 인지는 생략합니다.